Gerhard Wehr

KARL BARTH

Theologe und Gottes fröhlicher Partisan

Gütersloher Verlagshaus
Gerd Mohn

Originalausgabe

CIP-Kurztitelaufnahme der Deutschen Bibliothek

Wehr, Gerhard:
Karl Barth: Theologe u. Gottes fröhl. Partisan, Gerhard Wehr. – Orig.-Ausg.
– Gütersloh: Gütersloher Verlagshaus Mohn, 1979.
(Gütersloher Taschenbücher Siebenstern; 462)
ISBN 3-579-00462-0

ISBN 3-579-00462-X

Gesamtherstellung: Clausen & Bosse, Leck
Umschlagentwurf: Dieter Rehder, Aachen unter Verwendung eines Fotos von Internationale Bildagentur, Zürich
Printed in Germany

Inhalt

Fotonachweis

Seite 15, 28, 58, 68 Ullstein Bilderdienst, Berlin/Seite 17, 35, 42, 47, 55, 63, 72, 79, 81 Karl Barth-Archiv, Basel/Seite 32, 50 Archiv/Seite 74 Deutsche Presse Agentur, Frankfurt/Seite 20, 40, 64, 84/Internationale Bilderagentur, Zürich/Seite 26, 45 Chr. Kaiser Verlag, München

Der Ruf zur Sache

»Wie soll es zu einer Reformation des Volkes kommen, wenn es die Spatzen von den Dächern pfeifen, daß die Kirche doch nur in der Restauration – oder nicht einmal in der Restauration! – begriffen ist? ... Was für ein Unfug, wenn zum Beispiel in einem Land und Volk, das heute die Elemente von Recht, Freiheit, Verantwortlichkeit, Gleichheit usw., die Elemente der Demokratie von Grund auf zu erlernen hat, ausgerechnet die Kirche immer noch hierarchischer, immer noch bürokratischer sich zu gebärden für nötig hält und in einer Situation zum Hort des Nationalismus wird, wo gerade sie sich als heilige, allgemeine Kirche darstellen und damit auch die deutsche Politik aus einem alten Engpaß herauszuführen helfen dürfte. Die Christengemeinde darf nicht vergessen: Sie redet gerade in der Bürgergemeinde am unmißverständlichsten durch das, was sie ist.«

Ließe es nicht bereits die Diktion ahnen, dann müßte man erläuternd hinzufügen: Diese Sätze stammen nicht aus der Feder eines radikalen Gott-ist-tot-Theologen oder eines Vertreters der »Theologie der Revolution« der sechziger Jahre, sondern von Karl Barth. Er hat sie bereits kurz nach dem deutschen Zusammenbruch im Jahre 1946 niedergeschrieben, zu einem Zeitpunkt also, da im deutschen Protestantismus die kirchenpolitischen Weichen ganz neu zu stellen gewesen wären. Formuliert wurden diese kritischen Anmerkungen zwar in der neutralen Schweiz. Sie stammen aber von einem Manne, dessen Sache es nie war, aus passiver Zuschauerhaltung heraus anderen Denkzettel zu geben. Sie stammen von einem Theologen, der seine Aufgabe darin erblickte, »zur Sache« zu rufen und zu jenem Engagement zu impulsieren, das der Christenheit aufgetragen ist. Aber ist der Beitrag der Christen gefragt? Ist Theologie vonnöten?

Wenige Wochen vor Karl Barths Todestag, am 10. Dezember 1968, wurde in einer damals in großer Auflage verbreiteten Streitschrift die Frage gestellt: »Stört das Christentum noch irgend jemanden? Hat es noch Einfluß auf unser Leben? Interessiert sich das Publikum, einschließlich des gebildeten, ernstlich für den Streit zwischen Fundamentalisten und Entmythologisierern?«[1]

1. Gerhard Szczesny, in: Joachim Kahl: Das Elend des Christentums. Reinbek 1968, 9.

Gerhard Szczesny, der Fragesteller von damals, meinte verneinen zu müssen. Neu ist seine Frage gewiß nicht. Abgesehen davon, daß theologische Probleme längst außerhalb der Kirchenmauern und jenseits der theologischen Seminare, bisweilen mit recht untheologischen Mitteln erörtert werden, ist in mancher Hinsicht eher das Gegenteil zu behaupten. Man denke nur, welches große Interesse theologische Sachbücher seit mehreren Jahren finden. Auf einem ganz anderen Blatt steht, was tatsächlich bewirkt wird und »wo das Christentum noch irgend jemanden stört«.
Man erinnert sich Friedrich Nietzsches, der vor nahezu einem Jahrhundert ähnlich gefragt hat, ob sich außerhalb der theologischen Fachschaft irgend jemand für Theologie interessiere. Wie zu Nietzsches Zeiten darauf zu antworten war, kann hier unerörtert bleiben. Franz Camille Overbeck, ein Freund des Philosophen, 1870 bis 1897 Theologieprofessor in Basel und somit ein früher Amtsvorgänger Karl Barths, hat das ebenso ehrliche wie erschreckende Selbstzeugnis niedergeschrieben: »Ich darf wohl sagen, daß mich das Christentum mein Leben gekostet hat. Sofern ich, wiewohl ich es nie besaß und nur durch ›Mißverständnis‹ Theologe wurde, mein Leben gebraucht habe, um es ganz los zu werden.«[2]
Worin besteht oder bestand dann die Faszination, die das Christentum beziehungsweise der christliche Glaube auf diesen überaus kritisch-selbstkritischen Geist ausgeübt hat? Von ihm, der von sich gesagt hat, er habe während der 27jährigen Amtszeit seinen »gründlichen Unglauben« auf dem Katheder für sich zu behalten gewußt, stammt aber auch der Satz: »Anders als durch Verwegenheit ist Theologie nicht wieder zu gründen.«
Barth hat etwas von dieser Verwegenheit mitgebracht, als er – die Tragweite seines Unterfangens wahrscheinlich nicht ahnend – daran ging, das zu wagen, woran Franz Overbeck einst gescheitert ist. Daß ein Gutteil an Verwegenheit nötig war, wird deutlich, wenn wir den Anfängen der sogenannten Dialektischen Theologie nachgehen und die wichtigsten Stationen dieses geistigen Abenteuers abschreiten:
»Blicke ich auf meinen Weg zurück, so komme ich mir vor wie einer, der, in einem dunklen Kirchturm sich treppaufwärts tastend, unvermutet statt des Geländers ein Seil ergriffen, das ein Glockenseil war, und nun zu seinem Schrecken hören mußte, wie die gro-

2. Franz Overbeck, zit. bei Joachim Kahl a. a. O. 13.

ße Glocke über ihm soeben, und nicht nur für ihn bemerkbar, angeschlagen hatte. Er hatte das nicht gewollt und er kann und wird das nicht wiederholen wollen.«[3]

So hat Karl Barth einmal (1927) sein eigenes Werk betrachtet. Dabei mag offen bleiben, was der Ironiker mit dem beteuernd wirkenden, um Nachsicht bittenden Schlußsatz gemeint haben mag. Aber bleiben wir noch einen Augenblick bei dem einprägsamen Bild, das der Theologe benützt:

Da ist der »dunkle Kirchturm«. Es gibt in ihm zwar eine Treppe, die »aufwärts« führt, aber offenbar fehlt eine Laterne, die die längst ausgetretenen, gefährlich gewordenen Stufen erhellt. Und daß der Griff des Emportastenden »unvermutet« vom Geländer zum Glockenseil irrt, – sollte das Halt bietende Treppengeländer in der Kirche abhanden gekommen sein? Sollten sich andere Turmbesteiger gar nicht höher hinauf gewagt haben? Und daß es ausgerechnet das Seil für »die große Glocke« sein soll, die dadurch zum Schwingen gebracht wird, gibt zu denken. Wer selbst einmal von Hand betriebene Geläute betätigt hat, der weiß, daß da Kräfte und Gewichte nötig sind und daß man sich in den großen Rhythmus hineinnehmen lassen muß, den die Glocke gebieterisch vorschreibt: »es« läutet! Was für Gewichte, welch eine Dynamik müssen es also gewesen sein, die den Weg und das Werk von Karl Barth bestimmt haben?

Wer eine Antwort auf diese Frage verlangt, der muß sich schon die Mühe machen und in die dunkle Turmstube der Anfänge eintreten. Das Bild vom Geläute reicht wohl nicht aus, um Barths Schaffen zu charakterisieren. Wir haben es auch nicht mit einem einsamen Glöckner zu tun. Ganz im Gegenteil, er hatte einen Kreis von Gefährten und Helfern um sich, bevor sich eine stetig wachsende Schülerschaft hinzufand, selbst wenn das Getön der großen Glokke inzwischen verstummt, vielleicht sogar vergessen sein sollte. Fest steht aber, daß andere, viele andere gelauscht und im Glokkenton die Botschaft des »ganz Anderen« vernommen haben, freilich nicht etwa, um sich mit ihm zu befassen, wie man sich mit irgendeinem Gegenstand willkürlich befaßt, sondern um sich an den »Anderen«, an den konkreten Mitmenschen zum »Tun des Gerechten« (Bonhoeffer) weisen zu lassen. Wie sieht nun die Disziplin aus, der sich Barth sieben Jahrzehnte lang verschrieben hat.

3. Antwort. Festschrift zum 70. Geburtstag von Karl Barth. 1956, 167.

Wie hat er diese Theologie verstanden, die anderen, nicht nur Nietzsche oder Overbeck, Kummer bereitet hat?
Als der 75jährige nach seinem Rücktritt von dem akademischen Lehramt im Baseler Wintersemester 1961/62 als Vertreter seines damals noch nicht bestimmten Nachfolgers eine letzte Vorlesung zu halten hat, legt er eine »Einführung in die evangelische Theologie« vor. In ihr finden sich die Sätze:
«Der Gegenstand der theologischen Arbeit ist nicht Etwas – auch kein höchstes, auch kein absolutes Etwas (und wäre es der ›Grund des Seins‹ oder dergleichen) – sondern Einer, nicht ein Es, sondern Er – und Er, dieser Eine nicht in einem müßigen und stummen In-sich-Sein, sondern eben: in seinem Werk, das als solches auch sein Wort ist. Die Aufgabe der theologischen Arbeit besteht darin, ihn, diesen Einen, den in seinem Werk Sprechenden zu hören, sich selbst, der Kirche und der Welt, von diesem Wort Rechenschaft abzulegen ...«[4]
Im gleichen Zusammenhang hebt Karl Barth hervor, daß die theologische Arbeit sich von anderer Arbeit darin unterscheidet, daß wer sie tun wolle, »nie mit freiem Rücken von schon erledigten Fragen, von schon erarbeiteten Resultaten, von schon gesicherten Ergebnissen herkommen, daß er heute keineswegs auf gestern schon von ihm gelegten Fundamenten weiterbauen, heute keineswegs von den Zinsen eines gestern angesammelten Kapitals leben kann, sondern angewiesen ist, jeden Tag, ja zu jeder Stunde neu mit dem Anfang anzufangen.«
Damit weist Barth von den irgendwann erreichten Positionen, zumal von den dann und wann im Laufe der Kirchengeschichte ins Blickfeld getretenen Personen, angefangen bei seiner eigenen, weg auf die »Sache« selbst. Dieses unablässige Insistieren auf die Sache kennzeichnet seine Theologie. Es ist die Sache der freischenkenden Gnade Gottes in Christus. Und Barth hat mit besonderer Strenge darauf geachtet, daß nur ja keine Vermengung mit irgendeiner Weltanschauung, Ideologie oder Konvention erfolge, sei es von der Seite eines Kultur, Nation und Religion vermischenden »Kulturprotestantismus« oder seien es die mit dem Nationalsozialismus liierten »Deutschen Christen«.
Aber ist eine solche Theologie überhaupt durchführbar? Richtet

4. Karl Barth: Einführung in die evangelische Theologie. München 1968, 128.

sich das Handeln Gottes nicht gerade an den *in* Natur und Geschichte eingebetteten, aus inneren wie äußeren Erfahrungen schöpfenden Menschen? – Barth verweist auf die Realität des Heiligen Geistes, das heißt auf die in den Menschen hereinwirkende, impulsierende Kraft:

»Veni, Creator Spiritus! In seinem Kommen, in seiner Bewegung von unten nach oben und von oben nach unten schafft der eine Heilige Geist die Eröffnung Gottes für den Menschen und des Menschen Eröffnung für Gott. Und so lebt die theologische Arbeit von und in der Bitte um sein Kommen – so können alle ihre Fragen, Untersuchungen, Überlegungen und Sätze nur eben Gestalten dieser Bitte sein ... Das Kriterium der Echtheit dieser Bitte wird aber darin bestehen, daß sie in der Gewißheit ihrer Erhörung getan wird.«[5]

Anfänge

Karl Barth wird am 10. Mai 1886 als ältester Sohn des Theologieprofessors Fritz Barth und seiner Ehefrau Anna, geborene Sartorius in Basel geboren.

Die Vorfahren väterlicherseits stammen aus dem aargauischen Mülligen, wohnen aber seit längerem in Basel. Der Großvater mütterlicherseits, ebenfalls evangelischer Pfarrer, wirkte an der Basler St. Elisabethkirche. Die Barth-Familie zieht drei Jahre nach Karls Geburt in die Bundeshauptstadt Bern. Zweifellos dominiert bei Karl Barth die Basler Mentalität. Basel, Pflegestätte ehrwürdiger humanistischer Kultur und Tradition, Wirkungsort des Humanisten Erasmus von Rotterdam und des eigenwilligen Lehrmeisters der Heilkunst Theophrastus Bombastus von Hohenheim, genannt Paracelsus, des Reformators Johannes Oecolampad und – nach Karl Löwith – des »ersten vollkommenen Nihilisten Europas« Friedrich Nietzsche, drückt auch dem künftigen Theologen und »Kirchenvaters des 20. Jahrhunderts« seinen Prägestempel auf. Als spezifisch baslerisch bezeichnet Georges Casalis Barths kritisch-hell-

5. A. a. O. 132.

sichtigen und polemischen Geist, nicht weniger seine »außerordentliche Achtung vor der Wahrheit, die Gründlichkeit, die keine Unklarheiten duldet«, die »große Gewissenhaftigkeit, die nichts dem Zufall oder der Improvisation überläßt«. Und Casalis, dessen Charakteristik die ausdrückliche Zustimmung Barths empfangen hat, fährt fort: »Das geläufige und geschliffene Mundwerk der Basler, ihre Spottlust und die treffenden Hiebe ihrer Antworten sind höchst bezeichnend für ihn. Unaufhörlich durchblitzen geistreiche und witzig-humorvolle Ein- und Ausfälle seine Gespräche, Briefe, Vorlesungen und Vorträge, was ihn zu einem hervorragenden Pädagogen, aber auch zu einem gefürchteten Gesprächspartner werden läßt. Die großen theologischen Debatten, an denen er teilgenommen hat, haben in ihm diese Tendenzen noch verstärkt und ihm deswegen nicht immer nur freundschaftliches Wohlwollen eingetragen. Aber zahlreich sind diejenigen, die seine geistige Überlegenheit, seine außergewöhnliche Bildung anerkennen und sich dem Glanz und der Meisterschaft seiner Schlagfertigkeit, seiner Treffsicherheit nicht entziehen können.«[6] Freilich, die Einmaligkeit der menschlichen Individualität läßt sich weder vom Vätererbe her noch aus der kulturellen Tradition des Geburtsortes erklären.

Zur Familie gehören noch zwei jüngere Brüder, der früh verstorbene Peter Barth, ein Theologe und Calvin-Forscher, und der bekannte Philosoph Heinrich Barth. Die Übersiedlung nach Bern (1889) ergibt sich infolge der Berufung des Vaters an die dortige Universität. Fritz Barth, Neutestamentler und Kirchenhistoriker, folgt Adolf Schlatter nach dessen Berufung an die Universität Greifswald. Vater Barth neigt dem Biblizismus des schwäbischen Theologen Johann Tobias Beck zu. Auf der anderen Seite hat er von den beiden sozialengagierten Protestanten Adolf Stöcker und Friedrich Naumann Anstöße empfangen. Auf diese Weise kommt der Sohn frühzeitig mit deren Schrifttum in Berührung. Die Realitäten der sozialen Frage sollten ihm später im Pfarramt begegnen.

Zunächst aber ist es der anregende Konfirmandenunterricht des Vaters, durch den der Junge für Theologie interessiert wird. Jürgen Fangmeier hebt deshalb hervor, daß weder Familientradition noch Wunsch oder Vorbild des Vaters, schon gar nicht die Absicht, einst selbst zu predigen, den Heranwachsenden zu seinem Entschluß

6. Georges Casalis: Karl Barth, Person und Werk. Frankfurt/Main 1960, 16.

bewogen haben, Theologie zu studieren. Den Ausschlag ergibt »die Sache« selbst.

Seinen Vater hat Karl Barth zeitlebens »von allem Persönlichen und Geistlichen abgesehen, als gediegenen Wissenschaftler hoch respektiert.« Dessen gemäßigt positive, durch J. T. Beck bestimmte theologische Einstellung vermag er sich jedoch ebensowenig zu eigen zu machen wie die seiner ersten theologischen Lehrer in Bern. Der spätere Autor des »Römerbriefs« kann freilich nicht verleugnen, daß er sich in der Folgezeit bei den schwäbischen Vätern gründlich umgesehen hat.

Aufgewachsen ist der Junge in Bern. Nach dem Besuch des freichristlichen Gymnasiums wird er 1904 an der dortigen Universität immatrikuliert. Noch in einer seiner letzten Arbeiten[7] erinnert er sich der »etwas langweilig exakten Analysen« des Neutestamentlers Rudolf Steck und des »immer galligen systematischen Scharfsinns« des Dogmatikers Hermann Lüdemann sowie des Alttestamentlers Karl Marti. »Was ich jenen Meistern trotz allem verdanke: ich habe damals das Gruseln verlernt, habe nämlich die ›historisch-kritische‹ Schule in ihrer älteren Gestalt damals so gründlich durchlaufen, daß mir die Äußerungen ihrer späteren und heutigen Nachfolger nicht mehr unter die Haut oder gar zu Herzen, sondern, als mir zu bekannt, nur noch auf die Nerven gehen konnten«[8], notiert der 80jährige.

Berlin, Tübingen und Marburg werden die nächsten Stationen seines weiteren Studienganges. Sie muten wie ein Kompromiß an, der mit dem Vater zu schließen ist, der den Sohn am liebsten nur der Hand »positiver« Lehrer anvertraut hätte. Ist der junge Student in der theologischen Fakultät seiner Heimatstadt an die einschlägigen Probleme seines Fachs herangeführt worden, so lernt er nun, vor allem in Berlin und in Marburg, profilierte Vertreter der modernen Theologie seiner Zeit kennen. Es ist vor allem die philologische und historische Kritik, die den Erkenntnisbeflissenen fasziniert. Einer der wichtigsten zeitgenössischen Vertreter dieser Richtung ist Adolf von Harnack. Im Berliner Wintersemester 1899/1900 hat Harnack seine berühmt gewordene Vorlesung »Das Wesen des Christentums« gehalten. Entgegen der Beschwörung seines Vaters, des baltendeutschen Lutheraners Theodosius Harnack,

7. Nachwort zur Schleiermacher-Auswahl von Heinz Bolli. München 1968.
8. Karl Barth a. a. O. 291.

hat sich der umfassend Gebildete nicht so sehr nach dem »Bewußtsein der Kirche« als nach dem »Bewußtsein der Zeit« gerichtet. Für ihn heißt das zwar nicht Gleichsetzung von Kultur und Religion, jedoch Aufdeckung des Zusammenhanges von Kultur und Religion. Für Barth sollte dies so oder so interpretierte »und« Gegenstand energischer Kritik werden, ähnlich wie das sogenannte »Bindestrich-Christentum«, wie er die verharmlosende Verbindung von christlichem Glauben und Kultur nennt. Als Historiker sucht Harnack nach dem »ewigen Kern« der christlichen Religion. Es ist nicht eigentlich Christus, sondern eher – wie er es in der 4. der erwähnten Vorlesungen zum Ausdruck bringt – »Gott der Vater und der unendliche Wert der Menschenseele«[9], um die es im Evangelium gehe. Barth, der spätere christozentrische Denker, ist Schüler gerade dieses Harnack, von dem der provozierende Satz stammt: »Nicht der Sohn, sondern der Vater allein gehört in das Evangelium hinein.« – Welche Rolle bleibt demnach für Jesus übrig?
Zu Harnacks Füßen sind neben und nach Barth auch so eigengeprägte Persönlichkeiten wie Friedrich Rittelmeyer, Wilhelm Stählin, Otto Dibelius und später Dietrich Bonhoeffer gesessen. Ein halbes Jahrhundert hindurch hat der gefeierte Kirchenhistoriker, Erforscher des frühen Christentums und Verfasser des »Lehrbuchs der Dogmengeschichte«, als Universitätslehrer gewirkt. Von seinen Seminaren ist der junge Karl Barth begeistert. Er lernt an ihm und auch an dem Alttestamentler der religionsgeschichtlichen Schule, Hermann Gunkel, »hoch hinaufzusehen«. Lehrer und Schüler gehen erst auf Distanz, als rund zwei Jahrzehnte danach die Kluft offenbar geworden ist, die beide voneinander trennt.
Hier in Berlin stößt der angehende Theologe auf ein Buch, das für ihn richtungsweisend werden sollte: Friedrich Daniel Ernst Schleiermacher »Über die Religion – Reden an die Gebildeten unter ihren Verächtern«. Der Autor des 1799 geschriebenen Buches ist Barth lebenslang Ansporn zu Widerspruch und schöpferischer Arbeit geworden. Aus einer späten Rechenschaft wissen wir um die durchaus wechselvolle Bedeutung des großen Theologen aus der Zeit der deutschen Romantik für den Verfasser des »Römerbriefs« und der »Kirchlichen Dogmatik«. Nicht nur in »Protestantische Theologie des 19. Jahrhunderts« hat er Schleiermacher einen Denkstein gesetzt. Als ein Taschenbuchverlag in Barths Todesjahr

9. Adolf von Harnack: Das Wesen des Christentums. München 1964, 49.

Friedrich Daniel Ernst Schleiermacher

eine Schleiermacher-Auswahl veranstaltet, zeigt sich, daß Barth zur Abfassung eines ausführlichen Nachwortes gewonnen werden konnte. Der an autobiographischen Mitteilungen relativ sparsame Barth bekennt sich darin zu einem »nicht unwichtigen Segment« seiner eigenen Lebensgeschichte. Es heißt da:
»Heureka! Ich hatte offenbar ›Das Unmittelbare‹ gesucht und hatte es nun – nicht bei Hermann Kutter, der unter diesem Titel sein erstes Buch schrieb – bei Schleiermacher gefunden. Daß jene ›Reden‹ geradezu das Wichtigste und Richtigste seien, was seit dem Abschluß des neutestamentlichen Kanons auf dem Feld christlichen Erkennens und Bekennens ans Licht getreten sei, nahm ich zwar meinem großen Marburger Lehrer nicht ab – und ebensowenig seine Geringschätzung des älteren und alten Schleiermachers. Ich sah nicht, aber ich ahnte doch die durchgehende Linie in Schleiermachers Lebenswerk von den ›Reden‹ her bis hin zu der

(sehr unschleiermacherisch so genannten) ›Glaubenslehre‹ und war geneigt, ihm fide implicita auf der ganzen Linie Kredit zu geben.« Da Barth nach eigenem Dafürhalten »doch selbst ein bißchen Romantiker« ist oder zu sein meint, findet sich in der ersten »Römerbrief«-Ausgabe der provokative Satz: »Wir können es uns leisten, romantischer zu sein als die Romantiker.«[10] – Welch eine Behauptung!

Zweifellos stellt die Wendung »ein bißchen Romantiker« sein, eine starke Untertreibung dar. Sein »Heureka!« (ich habe gefunden) beinhaltet freilich alles andere als kritiklose Schwärmerei für einen der Ahnherren des Neuprotestantismus. Ahnt der junge Barth, daß er gerade an Schleiermacher seine Kräfte als Theologe werde messen sollen? »Es spricht wohl nichts deutlicher für die geschichtliche Größe eines Denkers als die Notwendigkeit, hundert Jahre nach seinem Tode mit ihm zu kämpfen«, notiert einmal Barths früher Kampfgenosse Emil Brunner, der 1924 zum Frontalangriff auf Schleiermacher überging[11]. Und in seiner »Protestantischen Theologie des 19. Jahrhunderts« bekennt Barth freimütig:

»Wir haben es mit einem Heros zu tun, wie sie der Theologie nur selten geschenkt werden ... Wer von dem Glanz, von dieser Erscheinung ausgegangen ist und noch ausgeht, nichts gemerkt hätte, – ja ich möchte fast sagen: wer ihm nie erlegen wäre, der mag in Ehren andere und vielleicht bessere Wege gehen, er sollte es aber unterlassen, gegen diesen Mann auch nur den Finger aufzuheben. Wer hier nie geliebt hat und wer nicht in der Lage ist, hier immer wieder zu lieben, der darf hier nicht hassen.«

Der selbstkritische Ton, der in diesen Worten mitschwingt, ist kaum zu überhören. Denn ein halbes Jahrhundert nach dem jubelnden »Ich habe gefunden!« sieht sich Barth veranlaßt, öffentlich Abbitte zu tun: »Was ich in der 1. Auflage des ›Römerbriefs‹ S. 195–204, übrigens mit namentlicher Nennung des jungen Schleiermacher, Böses über die Romantik geschrieben habe, das ›reuet mich und tut mir von Herzen leid!‹, wie ich ja damals in meinem heiligen Eifer auch dem Pietismus durchaus nicht gerecht wurde ...«[12]

Der apostrophierte »große Marburger Lehrer«, der den Studenten

10. Karl Barth: Nachwort a. a. O. 291.
11. Emil Brunner: Die Mystik und das Wort. Der Gegensatz zwischen moderner Religionsauffassung und christlichem Glauben, dargestellt an der Theologie Schleiermachers. Tübingen 1924.
12. Karl Barth: Nachwort a. a. O. 291.

auf den jungen Schleiermacher aufmerksam macht, ist Wilhelm Herrmann (1846–1922), seit 1879 Professor für systematische Theologie an der Universität Marburg. Dessen »Ethik« (1901) beginnt Barth gleichzeitig zu studieren, bevor er in Marburg Herrmanns Schüler wird. »Ich empfing von diesem Buch den Stoß zu einer ewigen Bewegung«, gesteht er später einmal. Und nicht nur das: Für diesen Theologen gibt es einen »Verkehr des Christen mit Gott«. In der gleichnamigen Schrift aus dem Jahr 1886 schreibt Herrmann u. a.: »Das neutestamentliche Zeugnis ist in seiner Gemeinde entstanden und wird von seiner Gemeinde durch das Leben, das sich aus diesem ihrem Besitze entwickelte, ausgelegt. Ähnliches findet bei jeder Persönlichkeit statt.« – Damit ist der Hinweis auf die Bedeutung des existentiellen Moments im christlichen Glauben gegeben. Und der Hinweis ist angebracht, daß auch der

Karl Barth als Student

gleichaltrige Rudolf Bultmann die Vorlesungen Herrmanns besucht.
Festzuhalten ist an dieser Stelle vor allem eines: Karl Barth hat in Marburg, ähnlich wie in Berlin, nicht etwa die mit dem Ausdruck der Geringschätzung als »liberale Theologie« bezeichnete Denkrichtung kennengelernt, um sie später mit aller Entschiedenheit bekämpfen zu können, etwa von der Position einer »Neuorthodoxie« aus, wie ihm bisweilen nachgesagt wird. Dem widerspricht der so Klassifizierte energisch. Gewiß hat Barth über bestimmte Strecken seines Lebens und Schaffens hinweg den Eindruck erwecken können, »antiliberal« und »neuorthodox« zu sein. Man wird jedoch auch das Wort des 82jährigen respektieren müssen, der von sich mit Entschiedenheit sagt: Ich bin ein Liberaler! »Ich verstehe unter ›liberal‹ – wenn ich mich jetzt auch einbegreifen darf als Liberaler – eine Haltung vor allen Dingen der Verantwortlichkeit. Denn die wahre Freiheit ist immer eine verantwortliche Sache. Und das bedingt nun, daß ich dann allerdings auch offen sein muß ... Echte Liberalität muß ein Reden und Denken in Verantwortlichkeit und Offenheit nach allen Seiten, nach rückwärts und vorwärts, in die Vergangenheit und Zukunft sein ...«[13]

Vom Landpfarrer zum Hochschullehrer

1909 verläßt Barth Marburg. Nach einer etwa zweijährigen Tätigkeit als Vikar (pasteur suffragant) an der deutschsprachigen Gemeinde in Genf wird dem etwa 25jährigen Theologen im Jahre 1911 die Pfarrei in der aargauischen Ortschaft Safenwil verliehen. Aus der ursprünglichen Bauerngemeinde war im Laufe weniger Jahrzehnte ein kleiner Industrieort entstanden.
Der Schüler Harnacks und Herrmanns sieht sich mit einem Male mit den Alltagssorgen der Arbeiterschaft konfrontiert. »Hatte ich in Genf noch ganz und gar von meinem aus Marburg, speziell aus dem Kreise der Christlichen Welt und ihrer Freunde mitgebrachten Pathos gelebt, so mußte mein Interesse an der Theologie als sol-

13. Karl Barth: Letzte Zeugnisse. Zürich 1969, 35.

ches ... in dem Industriedorf Safenwil merklich zurücktreten gegenüber meiner durch die in der Gemeinde vorgefundenen Lage heftig angeregte Beschäftigung mit dem Sozialismus, speziell mit der Gewerkschaftsbewegung.«[14]
Zwar berichtet Barth in diesem Zusammenhang vom »eifrigen Weiterlesen« der »Christlichen Welt«, das heißt jenes theologisch-kulturellen Blattes, um das sich die deutschsprachigen Liberalen geschart haben. Doch will der angehende Praktiker seiner Aufgabe der werktätigen Bevölkerung gegenüber gerecht werden, so muß er sich mit dem volkswirtschaftlichen Denken vertraut machen. Zum gewohnten theologischen Fachblatt tritt selbstverständlich die Schweizerische Gewerkschaftszeitung und das Verbandsblatt der Textilarbeiter hinzu. Diese Beschäftigung ist für Barth keine theoretische Angelegenheit. Sie entspringt vielmehr der Bereitschaft zum gesellschaftlich-politischen Engagement. Er sieht die Notwendigkeit einer situationsbezogenen Verkündigung, will er den Menschen konkret helfen, an die er gewiesen ist.
Doch auf diese Situation ist Barth von seiner Universitätsausbildung her weder vorbereitet, noch haben ihm seine bisherigen Lehrer entsprechende Hilfen gegeben. Diese Lage teilt er mit Eduard Thurneysen, dem einstigen Studienkollegen aus der Marburger Zeit. Auch er ist Dorfpfarrer, ein paar Wegstunden östlich von Safenwil in der Ortschaft Leutwil. »Unsere Dörfer lagen durch einige Höhenzüge und Täler voneinander getrennt. Wohl wanderten wir unaufhaltsam hin und her, um einander zu begegnen, aber das genügte nicht«, berichtet Thurneysen[15]. Zwischen beiden Männern kommt es zu einem lebhaften Gedankenaustausch und zu einer engen Arbeitsgemeinschaft. »Wir hatten ja das unabweisbare Bedürfnis, in wirklicher Bruderschaft uns auszutauschen über alles, was, wie wir damals sagten, in Kirche, Welt und Reich Gottes geschah«, fügt der Berichterstatter hinzu. Ein Telefon, das beide Pfarrhäuser verbunden hätte, existierte nicht. Konnten sich die Freunde nicht auf halber Strecke treffen, tauschten sie Briefe. Diesem Umstand verdanken wir wichtige Einblicke in die frühe Schaffenszeit Barths während des entscheidungsvollen Jahrzehnts etwa zwischen 1914 und 1925.

14. Karl Barth: Nachwort a. a. O. 292.
15. Karl Barth – Eduard Thurneysen: Ein Briefwechsel aus der Frühzeit der dialektischen Theologie. München 1966, 18.

Christoph Blumhardt (d. J.)

Die beiden Freunde werden auf ältere Zeitgenossen aufmerksam. Es sind dies der Schweizer Theologe Hermann Kutter und der schwäbische Pietist Christoph Blumhardt, Sohn des bekannten Charismatikers Johann Christoph Blumhardt aus Möttlingen. Während »Vater Blumhardt« im Stall eine fahrbereite Kutsche gehabt haben soll, um damit dem wiederkommenden Christus entgegenzufahren, hatte der nicht minder fromme »jüngere Blumhardt«, ebenfalls Pfarrer, das Parteibuch der SPD in der Tasche, und dies bereits vor der Jahrhundertwende! Barth merkt an:
»Bei Kutter lernte ich schlicht, das große Wort ›Gott‹ wieder ernst, verantwortlich und gewichtig in den Mund zu nehmen. Bei Blumhardt lernte ich ebenso schlicht (wenigstens in den Anfängen), was etwa christliche Hoffnung sein möchte.«[16] Auch die Religiös-Sozialen des Schweizer Landsmannes Leonhard Ragaz treten – »in einigem Abstand« – in den Gesichtskreis Barths.
Barth nimmt seine Arbeit in der Pfarrei ernst. In dem Briefwechsel der Freunde hat sich das gemeinsame Ringen um die gegenwartsnahe Predigt niedergeschlagen. Dieser Hinweis ist deshalb von Bedeutung, weil aus der Predigtarbeit, aus der Nötigung, jeden Sonntag auf die Kanzel steigen zu müssen, Barths Theologie erwachsen ist. So findet sich noch in den letzten Zeugnissen der Satz: »Meine ganze Theologie ist im Grunde eine Theologie für die Pfarrer.«[17]
Um seine Solidarität mit den Berufstätigen zu unterstreichen, tritt Barth Anfang 1915 in die sozialdemokratische Partei ein. Im besonderen interessieren ihn Gewerkschaftsfragen, also weniger das Ideologische als die praktische Seite der sozialpolitischen Arbeit. Im Brief vom 5. Februar 1915 erläutert der junge Gemeindepfarrer, warum er Sozialdemokrat geworden ist: »Gerade weil ich mich bemühe, Sonntag für Sonntag von den letzten Dingen zu reden, ließe ich es mir nicht mehr zu, persönlich in den Wolken über der jetzigen bösen Welt zu schweben, sondern es mußte gerade jetzt gezeigt werden, daß der Glaube an das Größte die Arbeit und das Leiden im Unvollkommenen nicht aus- sondern einschließt.«[18]
Für sich genommen erweckt diese Briefstelle den Eindruck, ihr Schreiber sei sich bereits völlig im klaren darüber, welchen Weg er

16. Karl Barth: Nachwort, 293.
17. Karl Barth: Letzte Zeugnisse, 19.
18. Karl Barth – Eduard Thurneysen: Ein Briefwechsel, 33.

nun zu beschreiten habe. Der Kontext der Briefe jener Monate zeigt indessen, daß Barth erst in einen Prozeß der Klärung eingetreten ist, der für ihn selbst eine Lebenswende und für die Theologie die Möglichkeit zu einem Neuansatz in sich birgt. In Gang gesetzt wurde dieser Läuterungsprozeß spätestens mit Ausbruch des Ersten Weltkriegs. Peinlicher als die Verletzung der belgischen Neutralität durch das kaiserliche Deutschland berührt Barth »das schreckliche Manifest der 93 deutschen Intellektuellen, die sich vor aller Welt mit der Kriegspolitik Kaiser Wilhelms II. und seines Kanzlers Bethmann-Hollweg identifizierten. Unter denen, die es unterschrieben hatten, muß ich mit Entsetzen auch die Namen ungefähr aller meiner deutschen Lehrer (mit ehrenvoller Ausnahme Martin Rades!) entdecken. Eine ganze Welt von theologischer Exegese, Ethik, Dogmatik und Predigt, die ich bis dahin für grundsätzlich glaubwürdig gehalten hatte, kam damit und mit dem, was ich damals von den deutschen Theologen sonst zu lesen bekam, bis auf die Grundlagen ins Schwanken.«[19]

Das ist keinesfalls die nachträgliche Deutung des alten Barth. Man findet sie im Brief an Thurneysen vom 4. September 1914 dokumentiert, in dem die christlich verbrämte »germanische Kampftheologie« angeprangert wird. Barth ist sich in diesen ersten Kriegstagen – also nicht erst nach Verdun oder Versailles! – bewußt, was sich in diesen Vorgängen objektiv ausspricht: »Marburg und die deutsche Kultur verliert in meinen Augen etwas, und zwar für immer, durch diesen Zusammenbruch.«[20]

Der 28jährige Briefschreiber bedient sich der Sprache des Propheten, dessen Aufgabe es ist, den Willen Gottes für heute kundzutun, wenn er fortfährt: »Die Formel: ›Gott will den Krieg nicht‹ ist vielleicht irreführend. Gott will den Egoismus nicht. Er will aber, daß der Egoismus sich im Krieg offenbare und sich selbst zum Gericht werde. Dieser Gerichtswille Gottes ist dann auch nichts anderes als Liebe: Offenbarwerden der göttlichen Gerechtigkeit. Ich würde den Zorn Gottes noch stärker auf das ›gottlose Wesen‹ selbst beziehen und soziales Unrecht und Krieg als Symptom oder Konsequenz des letzteren auffassen ...«[21]

In diesen Worten kündigt sich schon an, in welche Richtung sich

19. Karl Barth: Nachwort, 293.
20. Karl Barth – Eduard Thurneysen 32.
21. A. a. O. 32f.

Barths theologisches Denken wendet. Es ist die Absicht, die Krisensituation des Menschen vor dem Angesicht des richtenden, zur Verantwortung rufenden und zugleich liebenden Gottes bewußt zu machen. Was Barth in jenen Tagen umtreibt, verraten einige Briefstellen, z. B. vom 22. April 1915:

»Wenn man's doch könnte! In irgendein Horn stoßen, irgendwo mitmachen mit dem Jubelruf: das ist's! Statt dessen rumort die Sehnsucht in einem herum, sich selbst und den andern das Wesentliche zu zeigen, und läßt einem nicht einmal die Naivität, ein packendes Predigtlein oder Vorträglein zu bauen. Nun, also nicht, sondern mit Geknorz Gegenkampf als ›Unbefriedigter‹!

5. Mai 1915:
»Wenn wir das ›Licht‹ erst recht klar hätten, für uns selbst, dann wäre die Taktik von Fall zu Fall ohne weiteres da.«[22]

19. September 1915:
»Es ist mir manchmal, als rufe mir einer zu: laß die Finger davon, du bist zu klein und zu profan dazu, du wirst es doch nicht durchführen! Aber ich kann nicht mehr davon lassen, es drängt sich einem zu stark als Wahrheit auf ... Wir postulieren immer noch mächtig, anders als Ragaz, aber wir postulieren. Wären wir einfach erfüllt und getrieben, so müßten unsere Predigten einfach wirken.«

5. Oktober 1915:
»Wenn wir keine echten Propheten sein können, wollen wir doch keine falschen sein ...«

Die Kollegen im Pfarramt, um die sich Barth und Thurneysen bemühen, ahnen in diesem Moment wohl am wenigsten, was in den beiden vorgeht und was sich bei Karl Barth vorbereitet. Weil seine Theologie dem Ansatz nach eine »Theologie für Pfarrer« sein will, müssen gerade sie, die Pfarrer, für die Sache gewonnen werden. In den Briefen nennt es Barth ganz einfach »unsere Sache«. Nach einem Pfarrkapitel notiert er im Brief vom 16. Juni 1916:
»Es war höchste Zeit, daß ich ging. Solche Verhandlungen erfüllen mich immer mit höchster Beunruhigung und Beklemmung, denn

22. Auch die weiteren Briefzitate erfolgen nach dieser Ausgabe.

das hat einfach keinen Sinn. Und dann möchte ich etwas in den Saal hinausschreien können und habe doch die Stimme und das Wort nicht, und dann hänge ich da zappelnd wie ein Dachdecker am Seil ... Es wird mir in Zukunft jeder Grund recht sein, diese Veranstaltungen zu meiden.« – Und dann ahnungsvoll vorausblikkend:
»In zehn oder zwanzig Jahren kann ich vielleicht wieder mitwirken in diesen Dingen, jetzt ist's innerlich und äußerlich aussichtslos und schädlich ... Ich komme mir vor wie einer, der von den Zinsen lebt, das ist nichts ... Endlich drängt die Sache selber zu einer umfassenderen Behandlung, als sie so einem dreißigjährigen Pfarrer in seinem praktischen Wirkungskreis möglich ist. Also auf in den Kampf!« Und zu Thurneysen gewandt: »Nun eröffne du das Feuer an einer andern Stelle!«
Während Barth diese Zeilen schreibt, ist er bereits von einer Arbeit, – nicht von irgendeiner – in Anspruch genommen, die auf Jahre hinaus sein Denken beherrscht: vom *Römerbrief*. Er hat sich diese für die Reformatoren wichtige Epistel des Apostels Paulus vorgenommen, um sich selbst die dort lagernden Schätze der Christuserkenntnis neu ins Bewußtsein zu rufen, andererseits, um diese Schrift Abschnitt für Abschnitt für die Gegenwart auszulegen. »Ich werde es kaum in diesem ersten Anlauf alles entdecken und erheben«, notiert er beiläufig; »da ist für mich noch viel Unerleuchtetes.« Erleuchtungen schöpft der Ausleger des Römerbriefs bei dem schon erwähnten J. T. Beck, aber auch aus anderen von Calvin bis Tholuck, nicht zu vergessen Friedrich Christoph Oetinger, der große, immer noch kaum voll gewürdigte schwäbische Theosoph des 18. Jahrhunderts[23]: »Welch ein Reichtum an Lichtern! Welche Vorausnahmen und zum Teil bereits Überholungen unserer Weisheiten! ... Daß man uns Theologie studieren ließ, ohne uns auf solche Dynamiker aufmerksam zu machen!« Barth ist bei seiner »Sache«.
Die Römerbrief-Arbeit schreitet verhältnismäßig langsam voran. Ein Jahr später, am 9. September 1917 ist das 5. Kapitel erreicht. Im übrigen ist dafür gesorgt, daß der Dorfpfarrer von Safenwil sei-

23. Zwei große Neuausgaben der Schriften Oetingers haben die Verlage Steinkopf Stuttgart und De Gruyter Berlin begonnen. Zur Einführung Gerhard Wehr: Friedrich Christoph Oetinger. Aurum Verlag Freiburg 1978.

ne gesellschaftliche Mitverantwortung nicht vergißt. Er berichtet: »Mitten hinein platzen hier große Entscheidungen: 55 Strickerinnen haben sich letzten Montag organisiert. Nun werden sie mit Kündigung bedroht. Daraufhin habe ich heute nachmittag mit dem Fabrikanten in der Villa geredet wie Mose mit Pharao, um ihn zu bitten, das Volk in die Wüste ziehen zu lassen. Höfliches Männergespräch in tiefen Klubsesseln, das leider mit einer glatten Ablehnung und Kriegserklärung endete, wobei ich hören mußte, ich sei sein ärgster Feind in seinem ganzen Leben ...«

Ende September des weltgeschichtlich entscheidungsreichen Jahres 1917 verbringt Barth eine ganze Woche in strenger Klausur »im Studierzimmer und unter dem Apfelbaum ... Es war mir über der Arbeit oft, als sehe mich von weitem etwas an von Kleinasien oder Korinth, etwas Uraltes, Urorientalisches, undefinierbar Sonniges, Wildes, Originelles, das irgendwie hinter diesen Sätzen (des Römberbriefs) steckt, die sich so willig von immer neuen Generationen exegesieren lassen. Paulus – was muß das für ein Mensch gewesen sein und was für Menschen auch die, denen er diese lapidaren Dinge so in ein paar verworrenen Brocken hinwerfen, andeuten konnte! ... Die Reformatoren, auch Luther, reichen doch lange nicht an Paulus heran, das ist mir erst jetzt überzeugend klar geworden. Und dann hinter Paulus: was für Realitäten müssen das sein, die den Mann so in Bewegung setzen konnten!«

Diese Einsichten schreibt zwar ein Mann nieder, der gerade im Begriffe ist, jeder Erlebnis-Theologie, ja der Religion als solcher den Kampf anzusagen. Und doch besteht wohl kaum ein Zweifel darüber, daß Karl Barth aus einem tiefen religiösen Erleben heraus zu den »Realitäten« vorgestoßen ist. Im selben Jahr 1917 veröffentlicht der Marburger Religionswissenschaftler Rudolf Otto sein epochales Buch »Das Heilige«, in dem er Kategorien des religiösen Erlebens aufdeckt. Barth liest es, nachdem sein »Römerbrief« gerade erschienen ist, »mit ziemlicher Freude« (Anfang Juni 1919).

Doch ehe der Barthsche »Römerbrief« Ende 1918 in Bern bei dem kaum bekannten Verlag von G. A. Bäschlin in kleiner Auflage erscheinen kann, sprechen noch ganz andere Realitäten ein Wort mit. Sie seien wenigstens stichwortartig vergegenwärtigt: Kriegsende, Zusammenbruch, Revolution, Grippeepidemie, Hungersnot, Ratlosigkeit in vieler Hinsicht. »Eines Tages erwachte ich als Präsident einer elfköpfigen Notstandskommission«, heißt es im Brief vom 11. November 1918. »Nun wird auf Tod und Leben Suppe ge-

Der Römerbrief

von

Karl Barth
Professor für reformierte Theologie
an der Universität Göttingen

Zweite Auflage in neuer Bearbeitung

1922

Chr. Kaiser, Verlag in München
(Auslieferung für die Schweiz: G. A. Bäschlin, Bern)

Titelblatt zu Barths »Römerbrief«

kocht.« Freilich nicht nur das. »Was werden wir diesmal in der Adventszeit zu sagen haben«, ist eine noch dringlichere Frage für Barth.
Als der Autor seine Römerbrief-Auslegung in der Hand hält, kann er noch nicht wissen, daß ihn diese Schrift zu einer noch intensiveren Beschäftigung mit der Theologie, mit Lehre und Verkündigung verpflichten werde. Der »Römerbrief« schlägt ein; Barth bedient sich selbst dieser militärischen Wendung. Es sind nicht nur die Rezensionen derer, die ihm prinzipiell zustimmen, etwa Rudolf Bultmann, Emil Brunner oder Friedrich Gogarten, die das in verhältnismäßig kleiner Zahl verkaufte Buch bekannt machen. Auch die erklärten Gegner tragen das Ihre dazu bei. Am 14. Juli 1920 schreibt Barth, nicht ohne Betroffenheit:
»Da! Gestern nachmittag ist (Adolf) Jülichers längst angekündigte 42-Zentimeter-Granate hier niedergegangen.« Gemeint ist die Rezension zur ersten Fassung des »Römerbriefs«. Thurneysen ist gebeten: »Hilf mir, den Trichter ausmessen und die allenfalls Verschütteten wieder ausgraben.« Barth faßt sich: »Schlimm ist's ja nicht, mehr ein milder, alles begießender Abendregen als ein schreckliches Gewitter ... Nun sollte mir wirklich auch noch Troeltsch irgendeinen solchen Ketzerhut aufsetzen.« Und gelassen fügt der neuernannte Ketzer hinzu: »Vor dem 25 mal größeren Wissen dieser Gelehrten wollen wir in Zukunft ehrerbietiger den Hut lüften, und wenn es uns noch so götzenhaft anmutet. Was dürfte sonst noch zu lernen sein?« – So schreibt nur einer, der bereits über seinen Kritikern steht, und seien es die normsetzenden Kapazitäten der Universitäten.
Was ist geschehen? – Da wagt ein unbekannter Schweizer Dorfpfarrer das Neue Testament zu lesen und zu deuten, anders als er es in der Schule der großen Exegeten seiner Zeit gelernt hat. Nicht die wissenschaftliche Textanalyse ist seine Aufgabe; aufgegeben ist ihm vielmehr, sich der Unmittelbarkeit der göttlichen Anrede auszusetzen. Einiges deutet der Autor im Vorwort an: »Paulus hat als Sohn seiner Zeit zu seinen Zeitgenossen geredet. Aber viel wichtiger als diese Wahrheit ist die andere, daß er als Prophet und Apostel des Gottesreiches zu allen Menschen aller Zeiten redet.«[24] Es geht demnach darum, »Gleichzeitigkeit« im Sinne Sören Kier-

24. Anfänge der dialektischen Theologie, Teil I, hg. von Jürgen Moltmann. München 1966, 77.

kegaards herzustellen, um auf diese Weise den garstigen Graben zwischen einst und heute zu überbrücken.
Was wird aus der theologischen Gelehrsamkeit? Welche Horizonte tun sich für das Bibelverständnis auf? – Barth fährt fort: »Die historisch-kritische Methode der Bibelforschung hat ihr Recht: sie weist hin auf eine Vorbereitung des Verständnisses, die nirgends überflüssig ist. Aber wenn ich wählen müßte zwischen ihr und der alten Inspirationslehre, ich würde entschlossen zu der letzteren greifen: sie hat das größere, tiefere, *wichtigere* Recht, weil sie auf die Arbeit des Verstehens selbst hinweist, ohne alle Zurüstung wertlos ist. Ich bin froh, nicht wählen zu müssen zwischen beiden. Aber meine ganze Aufmerksamkeit war darauf gerichtet, durch das Historische *hindurch* zu sehen in den Geist der Bibel, der der ewige Geist ist ... Unsere Fragen sind, wenn wir uns selber recht verste-

Adolf von Harnack

hen, die Fragen des Paulus und des Paulus Antworten müssen, wenn ihr Licht uns leuchtet, unsere Antworten sein.«

Das ist ein neuer Ton. Nun wird auch das eingangs zitierte Gleichnis von dem zufälligen Griff nach dem Seil der »großen Glocke« verständlich. Da will einer als Bibelleser und als Prediger sich »sachlich beteiligt neben Paulus« stellen, statt im gelassenen Abstand des neutralen Zuschauers fachgerechte Bibelexegese zu treiben, die keinem weh tut. Barth, der sein Buch als »Vorarbeit« begreift, die auf Mitarbeit rechnet, steht bald im Mittelpunkt eines um sich greifenden theologischen Disputs, an dem sich seine eigenen Lehrer kritisch beteiligen, unter ihnen Adolf von Harnack. Fronten klären sich. Es kommt zu schmerzlichen Scheidungen. So berichtet Harnacks Tochter Agnes von Zahn-Harnack über das Resultat einer theologischen Auseinandersetzung: »Die Wirkung auf Harnack war erschütternd. Da war nicht ein Satz, nicht ein Gedanke, den er mitdenken konnte. Er anerkannte den tiefen Ernst, in dem Barth sprach, aber es schauderte ihn geradezu vor dieser Theologie.«[25] Die Zeichen einer Wende sind nicht zu verkennen. Und sie werden erkannt.

Ein Kreis von Gleichgesinnten formiert sich. Zu den ersten Positionsbestimmungen gehören Sätze wie die folgenden, die Barth während eines Vortrags vor den Religiös-Sozialen in Tambach 1919 spricht und wodurch er sich auch ihnen gegenüber abgrenzt: »Gerade das ganz Andere an Gott, das sich gegen die Säkularisierungen, gegen alle bloßen Anwendungen und Bindestriche sträubt, treibt uns mit zwingender Kraft, unsererseits auszuschauen nach einem wurzelhaften, prinzipiellen, ursprünglichen Zusammenhang unseres Lebens mit jenem ganz andern Leben«[26]. Unter dem Thema »Der Christ in der Gesellschaft« hatte Barth einleitend von der Sehnsucht nach Verheißung gesprochen, »weil uns die Augen weit aufgegangen sind für die Problematik des Lebens.« Er meint damit eine Besinnung auf den Sinn des Lebens, eine Erinnerung an den Ursprung des Menschen, vor allem aber – und das drückt sich gerade in den frühen Predigten und Aufsätzen Barths immer wieder aus: – »eine Umkehr zum Herrn der Welt, ein kritisches Nein und ein schöpferisches Ja gegenüber allen Inhalten unseres Bewußtseins, eine Wendung vom alten zum neuen Äon.« Worin besteht

25. Agnes von Zahn-Harnack: Adolf von Harnack. Berlin 1951, 414.
26. Anfänge der dialektischen Theologie I, 13.

demnach die Wendung? Inwiefern wird eine Änderung zum Vorausgegangenen des »Bindestrich-Christentums« signifikant? Im Blick auf diese Wendung, die er um 1920 in Wort und Schrift deutlich machen möchte, lautet Barths lapidare Antwort: »Ihr Zeichen und ihre Erfüllung ist das Kreuz!«
Günther Dehn, der im Hause Fritz Barths bereits dem Studenten Karl Barth begegnet ist, kommentiert: »In kühnem, absichtlichem Mißverstehen machte Barth aus dem Christen des Themas Christus den Herrn, den er der Gesellschaft, mochte diese gestaltet sein wie auch immer, gegenüberstellte. Ich fühlte mich während des Vortrages (in Tambach), der die Zuhörer in mächtigen Kaskaden überflutete, stark an Kutter erinnert, von dem Barth ja in der Tat beeinflußt war. Es war aber alles, was er sagte, biblischer, eschatologischer und dann schließlich auch konkreter. Der Vortragende fand von seinem Grundsatz her immer wieder den Weg zur Gegenwart mit ihren Problemen. Barth wagte es, uns ganz einfach vor die Offenbarung Gottes in Jesus Christus, dem Gekreuzigten und Auferstandenen, zu stellen und zum Glauben an Gott aufzurufen ... Nur dagegen wandte sich Barth mit aller Schärfe, daß man seine eigenen Angelegenheiten, Programme, Entwürfe, Ideologien mit einer religiösen Weihe versähe, um so Gott für das eigene Werk in Anspruch zu nehmen und seinen Namen damit zu mißbrauchen.«[27]

So hat die Wirkung Barths, vornehmlich die seines »Römerbriefs«, viele Aspekte. Einer, der sein äußeres Leben und die Art seines weiteren theologischen Schaffens maßgeblich mitgestaltet hat, ist die Berufung des Dorfpfarrers, der nie an eine Promotion, geschweige denn an eine theologische Habilitation gedacht hat, zur Übernahme eines Lehrstuhls an der Universität Göttingen. Unter dem 1. Februar 1921 hat er auf die ihm eigene Weise seinem Freunde Thurneysen mitzuteilen:
»Hier ist ein bedenklich großer Stein in den Teich gefallen: aus Göttingen die Nachricht, daß die Reformierten (unter Einverständnis der Fakultät, wie es scheint) mich auf einen neu zu errichtenden, aus Amerika zu bezahlenden Lehrstuhl für systematische Theologie setzen wollen ...« Der Freund ist eingeladen, zusammen

27. Günther Dehn: Die alte Zeit, die vorigen Jahre. Lebenserinnerungen. München 1962, 220.

mit ihm »diesen Schaden zu besehen«. Er könne sich gar nicht vorstellen, daß ein derartiger Lehrauftrag »etwas anderes als ein groteskes Versagen« werden könne, da er keinesfalls über die erforderlichen kirchlichen und wissenschaftlichen Eigenschaften verfüge.

Diese und ähnliche Bedenken sind offensichtlich ernster gemeint als es auf den ersten Blick den Anschein hat, denn aus dem Briefwechsel mit Thurneysen wissen wir, vor welche großen arbeitsmäßigen Anforderungen sich Barth an Ort und Stelle gestellt sieht: »O ich werde mich noch schön blamieren auf dieser Universität mit meinen zusammengerafften Brocken und meiner historischen Weitsichtigkeit, bei der mir alle Konturen ineinander verschwimmen«, jammert der angehende Professor in einem seiner Rundbriefe. Dabei ist es derselbe Barth, dessen monumentale »Kirchliche Dogmatik« – abgesehen von den vielen exegetischen, dogmatischen und theologiegeschichtlichen Arbeiten – heute nichts mehr ahnen lassen von den schwierigen Anfängen.

Es unterliegt keinem Zweifel, der Sprung, der aufgetragene Sprung vom Landpfarramt zum Universitätsprofessor gelingt. Volle vier Jahrzehnte Lehrtätigkeit stehen ihm bevor. Und damit der Honorarprofessor sich auch mit dem Doktortitel schmücken kann, verleiht ihm die Universität Münster 1922 den theologischen Ehrendoktor. Drei Jahre später nimmt Barth die Berufung als Professor für Dogmatik und neutestamentliche Theologie nach Münster an. Von 1930 bis 1935 ist er Systematiker in Bonn. Längst ist der Schweizer Theologe in die theologischen und kirchenpolitischen Auseinandersetzungen während des Dritten Reiches bzw. des Kirchenkampfes verwickelt. Seine Vaterstadt Basel beruft ihn im Sommer 1935 als Theologieprofessor, wo er bis zu seiner offiziellen Verabschiedung am 1. März 1962 lehrt. Tausende von Theologen aus aller Welt hat er geprägt. Viele konnten – mit Dietrich Bonhoeffer – sagen, daß »Barth noch jenseits seiner Bücher steht«. Und: »Mehr noch als von seinem Schreiben und Vorträgen bin ich von seiner Diskussion beeindruckt. Da ist er wirklich ganz da. Ich habe so etwas vorher nie gesehen.«[28]

28. Zitiert bei Eberhard Bethge: Dietrich Bonhoeffer. Eine Biographie. München 1967, 216f.

Dietrich Bonhoeffer

»Zwischen den Zeiten«

Die Jahre nach dem Erscheinen des »Römerbriefs« (1919) und nach der Berufung ins akademische Lehramt (1921) sind für Karl Barth mit intensiver theologischer Arbeit, mit der Beantwortung der entfachten Kritik und mit eingehender selbstkritischer Reflexion ausgefüllt, die ihrerseits zu ersten dogmatischen Entwürfen führt. So kann er 1927 den ersten Teil einer »Christlichen Dogmatik« mit der Lehre vom Wort Gottes vorlegen, eine Arbeit, die unter dem veränderten Titel »Kirchliche Dogmatik« vom Jahr 1932 an erst ihre endgültige Gestalt anzunehmen beginnt.

Am Anfang dieses Prozesses steht die neue, von Grund auf überarbeitete Fassung des »Römerbriefs«. Diese neue Bearbeitung, »bei der von jener ersten sozusagen kein Stein auf dem andern geblieben ist«, liegt fertig vor, als Barth seinen Dienst in Göttingen aufnimmt. Das Buch will nichts anderes sein als ein Stück des Gesprächs eines Theologen mit Theologen. »Vorarbeit und nur das ist auch diese zweite Auflage ... Nur Vorarbeit ist alles menschliche Werk und ein theologisches Buch mehr als jedes andre Werk!« – so heißt es im Vorwort zur zweiten Auflage; – »Ich sage das alles in der Hoffnung, daß diejenigen, die in meinem Römerbrief das Schreckgespenst einer neuen Orthodoxie auftauchen sahen, mir nun nicht etwa ... den umgekehrten Vorwurf allzu großer Bewegungsfähigkeit machen werden.«[29]

An der gleichen Stelle sagt Barth auch, um was es ihm letztlich geht. Ihm geht es um »eigentliches Verstehen und Erklären«, bei dem die Mauer zwischen dem Paulus-Text aus dem ersten Jahrhundert und dem heutigen Leser oder Hörer transparent wird, so daß die Sache, die unabdingbare Sache, nämlich »das Wort in den Wörtern« zu sprechen beginnt. Deshalb sind ihm die Historisch-Kritischen unter den Kritikern nicht kritisch genug, sofern sie sich mit dem bloßen Aufweis dessen, was der Text einst gemeint hat, schon zufrieden geben, während derjenige, der den Gang auf die Kanzel antreten muß, das Verstehen und Erklären konkreter aufzufassen hat.

Wichtig für die Positionsbestimmung des frühen Barth und der an seiner Seite arbeitenden »dialektischen« Theologen ist schließlich, was er an der gleichen Stelle über das Wesen der von ihm vertretenen inneren Dialektik der Sache zu sagen hat. Da heißt es: »Wenn ich ein ›System‹ habe, so besteht es darin, daß ich das, was Kierkegaard den ›unendlichen qualitativen Unterschied‹ von Zeit und Ewigkeit genannt hat, in seiner negativen und positiven Bedeutung möglichst beharrlich im Auge behalte. ›Gott ist im Himmel und du

29. Anfänge der dialektischen Theologie, I, 106.

auf Erden‹. Die Beziehung *dieses* Gottes zu *diesem* Menschen, die Beziehung *dieses* Menschen zu *diesem* Gott ist für mich das Thema der Bibel und die Summe der Philosophie in Einem. Die Philosophen nennen diese Krisis des menschlichen Erkennens den Ursprung. Die Bibel sieht an diesem Kreuzweg Jesus Christus.«[30]

Diese »Theologie der Krise« rührt nicht von der allgemeinen Krisenstimmung nach dem Ersten Weltkrieg her. Jürgen Moltmann weist daher mit Recht auf die innere Thematik der Sache selbst: »Sie war vielmehr selber effektiv eine Kraft des Gerichtes über eine tote Vergangenheit und der Eröffnung einer neuen Zukunft.«[31] Wo aber Gegenwart erlebt wird als das spannungsvolle Verhältnis zwischen einem durchaus noch lebenswilligen Vergangenen und dem in klaren Konturen durchaus noch nicht auszumachenden Zukünftigen, da sind jene schicksalhaften Trennungen und Auseinandersetzungen verständlich wie sie das theologische Gespräch jener Jahre kennzeichnen.

1920 erscheint in der »Christlichen Welt« ein programmatischer Aufsatz von Friedrich Gogarten, in dem dieser eigenwillige Denker an der Seite Barths und Thurneysens in unmißverständlicher Deutlichkeit zum Ausdruck bringt, was für ein Bruch mit der Generation der Väter besteht: »Wir gehörten nie zu Eurer Zeit ... die heute zu Ende geht ... Eure Gedanken waren uns fremd, immer fremd. So fern waren wir dieser Zeit, daß wir uns immer nur außer ihr suchen konnten, und Nietzsche und Kierkegaard, Meister Ekkehard und Lao-Tse sind manchem unter uns mehr Lehrer gewesen, als selbst die von Euch, denen wir unser ganzes geistiges Rüstzeug verdanken ... Heute sehen wir Eure Welt zu Grunde gehen ... Wir vermögen nicht die Hand zu rühren, um sie aufzuhalten ... Wir sind des Untergangs froh, denn man lebt nicht gern unter Leichen ... und tot ist, worauf diese Wissenschaft ihren Blick richtet und was sie begreifen kann. Man kann uns nicht mehr täuschen und Menschliches für Göttliches nehmen ... Der Raum wurde frei für die Frage nach Gott. Die Zeiten fielen auseinander, und nun steht die Zeit still ... Wir stehen *zwischen den Zeiten.*«[32]

30. A. a. O. I, 113.
31. A. a. O. I, X.
32. Friedrich Gogarten, zit. bei Karl Kupisch: Karl Barth in Selbstzeugnissen und Bilddokumenten. Reinbek 1971, 53f.

Barth mit Eduard Thurneysen um 1920

Damit ist das Stichwort genannt für weitere, freilich zeitlich befristete Zusammenarbeit. »Zwischen den Zeiten« heißt denn auch die Zweimonatszeitschrift, die Barth, Thurneysen, Gogarten unter der Redaktion ihres bayerischen Kollegen Georg Merz herausgeben. Das Blatt erscheint von 1922 bis Ende 1933 und stellt einen Sammelpunkt für die frühen Barthianer dar, wobei es »den« Barthianer angesichts der eigengeprägten Männer, die die Schriftenreihe tragen, gar nicht gibt. Von Anfang an handelt es sich um eine personelle wie theologische Vielfalt, in der die gemeinsame Sache, das Wort Gottes als Anrede und als Anspruch, zu bedenken ist. Von Anfang an ist das Problem das gleiche, das Barth 1920 einmal so formuliert hat: »Wir sollen als Theologen von Gott reden. Wir sind aber Menschen und können als solche nicht von Gott reden. Wir sollen beides, unser Sollen und unser Nicht-Können, wissen und eben damit Gott die Ehre geben. Das ist unsere Bedrängnis. Alles andre ist daneben Kinderspiel.«

Gewiß schließt »Bedrängnis« zusammen, ebenso die Gemeinsamkeit des Aufbruchs, in dem sich die Römerbrief-Generation befindet. Doch im Verlauf der Zeit werden Scheidungen unumgänglich, als sich immer deutlicher herausstellt, daß die ursprünglichen Gemeinsamkeiten einen »von vornherhein vorhandenen Gegensatz« (Gogarten) in sich bergen. Ein solcher Gegensatz tritt in Erscheinung, als sich in der Kirche des deutschen Protestantismus immer stärker jene Kräfte zu Wort melden, die außer der göttlichen Offenbarung auch das Reden Gottes in der und durch die Geschichte zur Geltung gebracht sehen möchten. Es sind namentlich deutschnational orientierte Theologen, die fortan als »Deutsche Christen« diesen Kurs steuern.
Friedrich Gogarten, der stärker als Barth den Blick auf die politisch-ethische Dimension der Gegenwartsproblematik richtet, identifiziert sich zwar nicht uneingeschränkt mit den Zielsetzungen der Deutschen Christen. Barth, Thurneysen und auch Georg Merz sehen jedoch den Zeitpunkt gekommen im Herbst 1933, dem Jahr von Hitlers Machtübernahme, ihren »Abschied« aus »Zwischen den Zeiten« zu vollziehen. Thurneysen kommentiert diesen Vorgang mit den Worten:
»Wir brechen ab, und wir brechen auf. Und wir vergessen nicht, daß es bei der ganzen Bewegung dieses Abbrechens und Aufbrechens, dieses Miteinander und Gegeneinander um das Suchen des ›Landes‹ geht, ›das ich dir zeigen will‹. Das heißt, daß trotz aller Schwere nicht alles ohne Verheißung geschieht. Unser Zeichen, das Zeichen des Abschiedes, das Karl Barth und ich hier errichten müssen, möchte jedenfalls nicht anders verstanden werden.«[33]
Hier ist der Ort, an dem zumindest anzumerken ist, daß auch in anderen kirchlichen, theologischen oder religiösen Gruppen zu Beginn der zwanziger Jahre das Bewußtsein von der Notwendigkeit eines Neuanfangs lebt. Doch die Ansatzpunkte dafür sind sehr verschiedene: Da ist beispielsweise der bis 1924 in Berlin, dann in Marburg, Dresden und Frankfurt lehrende Theologe Paul Tillich, der die »Idee einer Theologie der Kultur« (1919) auszugestalten

33. Eduard Thurneysen in: Anfänge der dialektischen Theologie, II, 328.

sucht, den »Sozialismus als Kirchenfrage« ernst nimmt, die »Religiöse Lage der Gegenwart« (1926) analysiert und das gesamte kulturell-soziale Leben vom Evangelium her durchdringen möchte, wo die Barthsche Theologie einen nicht unproblematischen Weltverzicht übt. In der Tat gelang dem 1933 zwangsweise nach Amerika Emigrierten eine universale, die »verlorene Dimension« der Wirklichkeit einbeziehende Theologie und Christusdeutung[34].

Da ist auf der anderen Seite der ebenfalls von der liberalen Theologie herkommende Nürnberger Pfarrer Friedrich Rittelmeyer und ein Kreis jüngerer Theologen, die nach religiöser Erneuerung fragen, ausgehend von einer spirituellen und sakramentalen Erneuerung, angeregt und gedanklich impulsiert durch die Anthroposophie Rudolf Steiners[35]. Zu Barths »Theologie der Krise« schreibt Rittelmeyer 1928: »Von unsrer Seite wird gerne ausgesprochen, daß für viele einzelne Menschen diese Theologie zu einer Selbstbesinnung geführt hat, auch zu einer offenkundigen Vertiefung ihres religiösen Denkens und Lebens. Dennoch müssen wir diese Theologie im Ganzen für einen schweren Abweg halten.«[36] Auch heute gebe es »lebendige Offenbarung«, die Offenbarung des gegenwärtigen Christus; es sei daher unangebracht mit den Trägern früherer Offenbarung »gleichzeitig« zu werden. Im übrigen sei für die Theologen der Christengemeinschaft die theologische Erörterung von zweitrangiger Bedeutung. Viel wichtiger seien die unmittelbaren »religiösen Lebensaufgaben«.

Während die 1922 begründete Christengemeinschaft als »Bewegung für religiöse Erneuerung« außerhalb der verfaßten Kirche entsteht, bemühen sich Männer wie Wilhelm Stählin[37], Karl Bernhard Ritter u. a. im Rahmen der gleichzeitig sich formierenden Berneuchener Bewegung um eine kirchliche Erneuerung, in der die Wiederbelebung des Liturgischen, der Meditation und des Symbol-

34. Gerhard Wehr: Paul Tillich in Selbstzeugnissen und Bilddokumenten. Reinbek 1979. (Rowohlt Bildmonographie Nr. 274)
35. Zur Christusdeutung Steiners: Gerhard Wehr: Christusimpuls und Menschenbild. Freiburg 1974. – Gerhard Wehr: Rudolf Steiner als christlicher Esoteriker. Freiburg 1978.
36. Von der Krisis des Protestantismus. Zu Karl Barths Theologie der Krisis. Stuttgart 1928, 6 (Vorwort von Friedrich Rittelmeyer).
37. Wilhelm Stählin: Via Vitae. Lebenserinnerungen. Kassel 1968.

verständnisses zu einer Überwindung des weit verbreiteten theologischen Intellektualismus führen soll.
Allein schon diese kurzen Charakteristiken zeigen, wie groß und wie unüberbrückbar die Distanz Barths zu allen diesen Positionen und Bewegungen ist. Man muß sicher kein Kritiker der Dialektischen Theologie sein, um die betonte und kompromißlose Einseitigkeit der Barthschen »Theologie des Wortes Gottes« zu sehen. Daß in ihr dennoch viele auf Jahrzehnte hinaus eine Zeitforderung zu sehen vermögen, unterstreicht nur die Gültigkeit des Wortes von der Situation »Zwischen den Zeiten«. Das Alte ist vergangen, es ist zumindest zum Vergehen verurteilt: das Neue ist noch nicht gefunden. Und auf der Suche nach dem Weg führen die Wege der einzelnen auseinander. Welche verheerende Wirkung muß dieser Tatbestand haben, wenn äußere Tatsachen, Geschichtsereignisse, »Geschichtsmächte« die Kirche in ungeahnter Weise herausfordern!

Der Protestantismus 1933

Auf die sogenannte Machtergreifung des Nationalsozialismus – weniger ein fixierbares, eingrenzbares Datum als ein epidemisch um sich greifender Prozeß – war der deutsche Protestantismus nicht vorbereitet. Vielleicht ist es richtiger zu sagen: weite Kreise der Pfarrerschaft und der Gemeinden, nicht nur die berüchtigten »Deutschnationalen«, halfen dazu, daß die junge Weimarer Demokratie erst gar nicht Wurzel faßte. »Die Sympathien der Kirchenleute galten von vornherein der Deutschnationalen Volkspartei ..., die alles an bürgerlichen Elementen in sich aufnahm, was der Demokratie und der Republik kritisch gegenüberstand ... Die Träger der Republik wußten, womit sie *nicht* zu rechnen hatten. Während der Katholizismus durch die Errichtung einer päpstlichen Nuntiatur bei der Reichsregierung die Weimarer Republik schon bald nach ihrer Konstituierung anerkannte, verharrten die den Räderspuren der nationalen Opposition folgenden evangelischen Kirchen bis 1933 in einer sachlichen ›Neutralität‹. Die Demokratie blieb ein Fremdkörper in ihren Erwägungen«, resümiert der Historiker Karl Kupisch anhand zahlreicher Belege[38].

Durch die lutherische Sozialethik auf den Untertanenstaat eingeschworen und durch eine entsprechende Tradition festgelegt, hatten die deutschen Landeskirchen nach 1919 nur formal mit der Vergangenheit gebrochen. Das Kirchliche Jahrbuch für 1924 drückt diesen Sachverhalt unverblümt aus, wenn es dort im Blick auf den Landesherrn in seiner seit der Reformation geltenden Eigenschaft als Landesbischof (bis 1918) heißt: »Nur der landesherrliche Summepiskopat ist auf der Strecke geblieben, aber seine Rechte sind nach Zurückweisung staatlicher Usurpation restlos gerettet und wohl geborgen.«[39] Das Führerprinzip in den mehr als zwei Dutzend protestantischen Landeskirchen blieb demnach das gleiche. Die Möglichkeiten blieben ungenutzt, die Gemeindeglieder in ihrer geistlichen Reife und in ihrem kirchenpolitischen Mitgestaltungswillen zu entwickeln. Ebenso wenig gab es eine handlungsfähige Kirchenleitung, die über die Zäune des landeskirchlichen Konfessionalismus hinausreichte.

Und welche Erfahrungen Karl Barth mit seinen Kollegen an den Universitäten, namentlich in den theologischen Fakultäten, machte, charakterisiert er einmal folgendermaßen: »(Insbesondere) fand ich die Professorenschaft, wie ich sie gesellschaftlich, in Sprechzimmern, Senatssitzungen und anderswo kennenlernte, mit wenigen Ausnahmen durchaus ... gegenüber der armen Weimarer Republik – weit entfernt davon, daß man ihr auch nur eine faire Chance gegeben hätte – in der Haltung, die ich ... nur mit dem Wort Sabotage bezeichnen kann ... Sie hat die Vorstellung, daß das Jahr 1919 eine Befreiung Deutschlands bedeutet haben könnte, mit Hohn behandelt ... Sie hat mit ihrer mit der größten Selbstverständlichkeit vertretenen Geschichtsphilosophie die Hitlerei so kräftig vorbereitet, als es in ihrem Bereich nur geschehen konnte ...«[40]

Die Ernennung Hitlers zum Reichskanzler am 30. Januar 1933

38. Karl Kupisch: Die deutschen Landeskirchen im 19. und 20. Jahrhundert, in: Die Kirche in ihrer Geschichte. Ein Handbuch hg. von Kurt Dietrich Schmidt und Ernst Wolf. Göttingen 1966, 100f.
39. Zit. bei Kupisch a. a. O. 126.
40. Zit. bei Eberhard Busch: Karl Barths Lebenslauf nach seinen Briefen und autobiographischen Texten. München 1975, 203.

Reichsbischof L. Müller

brachte vollends an den Tag, was auf dem Nährboden eines rückwärtsgewandten reaktionären Protestantismus in Deutschland gewachsen war. Dazu gehörte eine rasch zunehmende »deutsch-christliche Glaubensbewegung«. 1932 bewarben sich ihre Vertreter erstmals bei den preußischen Kirchenwahlen. Unter ihrem Reichsleiter Pfarrer Joachim Hossenfelder legten die Deutschen Christen (DC) im Juni des gleichen Jahres ein Programm vor, in dem sie sich mit der Rassenlehre des Nationalsozialismus weitgehend identifizierten und zu einem »bejahenden artgemäßen Christenglauben (bekannten), wie es dem deutschen Luther-Geist und heldischer Frömmigkeit entspricht«. Ein »positives Christentum« sowie »die Freiheit aller religiöser Bekenntnisse im Staat, soweit sie nicht dessen Bestand gefährden oder gegen das Sittlichkeits- und Moralgefühl der germanischen Rasse verstoßen«, hatte bereits die NSDAP in dem vielzitierten Paragraphen 24 ihres Parteiprogramms von 1920 gefordert. Nur wenige haben sich bewußt gemacht, welcher Interpretation der Nachsatz dieser auch von Kirchenleuten gern wiederholten These fähig war. Im Sommer 1932 gingen die Nationalsozialisten als die stärkste Partei aus den Reichstagswahlen hervor.

Neben der deutsch-christlichen Bewegung gab es mehrere »deutschgläubige« Gruppierungen älteren Datums, deren ideologische Quellen zum Ziel mit denen der Nationalsozialisten identisch oder doch nahe verwandt waren. Der Franzose Graf Gobineau, der Engländer – Schwiegersohn Richard Wagners – Houston Steward Chamberlain und Paul de Lagarde zählten zu ihren Gewährsleuten.

Kennzeichnend für die große Verwirrung und Desorientiertheit war es, daß auch Vertreter eines traditionellen Bekenntnischristentums oder einer »jungreformatorischen Bewegung«, die nichts mit einem ideologisch überfremdeten Pseudoglauben zu tun haben wollten, in Hitlers Machtergreifung eine »durch Gottes Fügung« bewirkte »gewaltige Erhebung« erblickten und den »von Gott geschenkten neuen Tag« öffentlich priesen. Selbst der gleichzeitig ins Leben gerufene, von Martin Niemöller, Pastor in Berlin-Dahlem, geleitete »Pfarrernotbund« hat Hitler gegenüber ausdrücklich »treue Gefolgschaft und fürbittendes Gedenken« gelobt. Karl Kupisch weist darauf hin, daß hinter derartigen Gesten nicht irgendeine berechnende Taktik zu vermuten sei, sondern daß sich darin lediglich die nationale Gesinnung ihrer Mitglieder spiegle.

Im Kirchenkampf

In dieser Situation – von der hier nur einige wenige Aspekte angeführt werden konnten[41] – kam es zur Bildung der »Bekennenden Kirche« (BK), zur kirchlichen Opposition gegen den Nationalsozia-

41. Eine umfassende Darstellung findet sich neuerdings bei Klaus Scholder: Die Kirchen und das Dritte Reich. Band I: Vorgeschichte und Zeit der Illusionen 1918–1934. Frankfurt/Main 1977.

lismus bzw. gegen die Deutschen Christen. Hier fiel Karl Barth, seit Frühjahr 1930 Inhaber des Lehrstuhls für systematische Theologie an der Universität Bonn, eine entscheidende Aufgabe zu. Doch eigentümlicherweise vermißt man Barths Stellungnahme zu einem Zeitpunkt, da das kirchenpolitische Tauziehen bereits im vollen Gange ist. Ähnlich haben die Zeitgenossen empfunden, die auf den Rat des sonst gar nicht so »neutralen« Schweizers gerechnet hatten.

Viele fragen sich, ob Barth denn nichts zu sagen habe oder ob die »Theologie der Krise« selbst in die Krise geraten sei, – eine nicht ganz unzutreffende Vermutung, denkt man an die da und dort eingetretene Entfremdung und an die Auflösung des Kreises um »Zwischen den Zeiten«. Die Folgezeit sollte jedoch zeigen, daß die theologische Auseinandersetzung mit der völkischen Religiosität

Gogarten, Thurneysen, Barth

und mit dem Nationalsozialismus als solchem zum Prüfstein für die Barthsche »Theologie des Wortes Gottes« werden sollte.
Barth bleibt die Antwort nicht schuldig. Er gibt sie im ersten Heft einer in zwangloser Folge gemeinsam mit Eduard Thurneysen herausgebrachten Schriftenreihe unter dem Titel »Theologische Existenz heute«. Dort liest man unter dem 25. Juni 1933: »Das Entscheidende, was ich heute zu diesen Sorgen und Problemen zu sagen versuche, kann ich darum nicht zum Gegenstand einer besonderen Mitteilung machen, weil es sehr unaktuell einfach darin besteht, daß ich mich bemühe, hier in Bonn mit meinen Studenten in Vorlesungen und Übungen nach wie vor und als wäre nichts geschehen – vielleicht in leise erhöhtem Ton, aber ohne direkte Bezugnahmen – Theologie und nur Theologie zu treiben. Etwa wie der Horengesang der Benediktiner im nahen Maria Laach auch im Dritten Reich zweifellos ohne Unterbruch und Ablenkung ordnungsgemäß weitergegangen ist.«[42]
Bereits darin erblickt Barth eine Stellungnahme, »jedenfalls eine kirchenpolitische«, wenn nicht sogar eine politische Stellungnahme. Und ohne sich direkter äußern zu müssen vertraut er darauf, die in großer Zahl kommenden Studenten würden diese Lehr- und Handlungsweise ihres Lehrers recht gut verstehen. Viel wichtiger als jetzt »zur Lage« zu sprechen sei es jetzt »zur Sache« zu stehen, das heißt den Verkündigungsauftrag zu erfüllen. Und erläuternd fügt er hinzu, worin er im Sommer 1933 seinen eigentlichen Sachbeitrag sieht: »Das, was jetzt unter keinen Umständen geschehen darf, ist dies, daß wir im Eifer für irgend etwas, was wir für eine gute Sache halten, unsere theologische Existenz verlieren. Unsere theologische Existenz ist unsere Existenz in der Kirche, und zwar als berufene Prediger und Lehrer der Kirche ... In der Kirche ist man sich darüber einig, daß Gott für uns nirgends da ist, in der Welt ist, in unserem Raum und in unserer Zeit ist als in diesem seinem Wort, daß dieses sein Wort für uns keinen anderen Namen und Inhalt hat als Jesus Christus und daß Jesus Christus für uns in der ganzen Welt nirgends zu finden ist als jeden Tag neu in der Heiligen Schrift Alten und Neuen Testaments. Darüber ist man sich in der Kirche einig – oder man ist nicht in der Kirche.«
Weil er jedoch diese Einigkeit bedroht sieht, weil eben dieses Wort nicht allein, nicht Christus allein, sondern eben auch jene ideologi-

42. Karl Barth: Theologische Existenz heute. München 1933, Heft I, 3.

schen und evangeliumsfremden Elemente im Protestantismus des Jahres 1933 (auch bei Bekenntnischristen!) eine wesentliche Rolle spielen, deshalb fügt Barth mit dem Pathos eines frühen Kirchenvaters (Cyprian, Augustinus) hinzu: »... oder man ist nicht in der Kirche!« Barth weiß, daß diese anspruchsvolle Eindeutigkeit viele verstimmt, die selbst – etwa in der »jungreformatorischen Bewegung« – den Deutschen Christen widerstehen. Und was sich in diesen Monaten und Jahren als »Bekennende Kirche« formiert, hat viele Gesichter, sie spricht in vielen Zungen ...
Weitere Hefte von »Theologische Existenz heute« können erscheinen, und zwar bis Barth im Oktober 1936 verboten wird, als Herausgeber dafür tätig zu sein. Bis dahin dienen aber diese zum Teil auch ins Englische, Französische, Holländische übersetzten Texte dazu, für die Freiheit des Evangeliums zu zeugen und in kompromißloser Schärfe jedem billigen Harmonisierungsversuch zwischen dem, was Evangelium ist, und dem, was als »artgemäßes Christentum« ausgegeben wird, den Kampf anzusagen. Denen, die einen Sowohl-Als-Auch-Standpunkt einnehmen, indem sie sich nur gegen die nationalsozialistische Rassenlehre oder Moral auflehnen, im übrigen aber die »nationale Erhebung« als ein Gottgeschenk begrüßen, schärft Barth ein, daß Kirche nicht an eine bestimmte Naturmöglichkeit, Kulturgestalt oder an eine bestimmte Geschichtsepoche gekettet sei. Er legt in der zweiten Folge von »Theologische Existenz heute« dar, worin er die eigentliche Aufgabe der Kirche Jesu Christi sieht:

»1. Die Kirche hat dem Volk, sie hat im Staat das Wort Gottes auszulegen nach der heiligen Schrift. Die Freiheit des Evangeliums hängt daran, daß es keine anderen Quellen kirchlicher Verkündigung gibt: kein Buch des Schicksals, der Geschichte, der Natur, der Erfahrung, der Vernunft und auch nicht das heute so eifrig zitierte Buch der ›geschichtlichen Stunde‹, das in der Kirche neben das Buch der heiligen Schrift gelegt oder der Auslegung der heiligen Schrift zugrunde gelegt werden dürfte.
2. Die Kirche hat dem Menschen, dem Menschen im Volk und im Staat, den Herrn, nämlich Gott als den Herrn in seiner Gnade und Strenge anzuzeigen. Sie hat dem Menschen nichts anderes als diesen Herrn, also gerade keine Moral, weder eine private noch eine öffentliche, weder eine internationale noch eine nationale Moral zu verkündigen. Das Evangelium als helfendes Wort

Theologische Existenz heute

1

Eine Schriftenreihe herausgegeben von Karl Barth × und Ed. Thurneysen

KARL BARTH

Theologische Existenz heute

CHR. KAISER·VERLAG MÜNCHEN

Titelblatt »Theologische Existenz heute« 1933

ist das Wort von Gott – für den Menschen, aber von Gott und von keinem Anderen mehr.

3. Die Kirche hat in der Zeit und unter den Menschen dieser Zeit, auf dem Erdboden und angesichts der Eigentümlichkeit dieses und dieses Stückes Erdboden, auf dem Boden dieser und dieser irdischen Heimat ihr eigenes Leben zu leben, ihren eigenen Weg zu gehen und gerade so dieser irdischen Heimat Treue zu beweisen. Gliedschaft in der Kirche kann darum nicht bedingt sein durch die Gliedschaft der Rasse und des Blutes. Der heilige Geist und die Taufe allein machen den Menschen zum Glied der Kirche ...«[43]

Damit ist direkt und indirekt auch ein entschiedenes Nein zum sogenannten »Arierparagraphen« gesagt. Laut Kirchengesetz vom 6. September 1933 waren Nichtarier oder mit Nichtariern verheiratete Personen vom Pfarramt ausgeschlossen. Barth drängt die noch Schwankenden zur Entscheidung, wenn er darauf hinweist, es gebe kein »Sowohl-als-auch« – sowohl das Evangelium als auch das, was eine Ideologie vorschreibt – »hier gilt: Entweder-Oder«.
Den Deutschen Christen sagt es Barth nicht weniger deutlich. Als man in Deutschland daran geht, am 10. November 1933 Luthers 450. Geburtstag mit nationalem Überschwang zu feiern, den »heroischen Luther-Geist« zu beschwören, versucht Barth in denselben Heften klar zu machen, welch ein Fremder dieser Hochgefeierte für die am lautesten Feiernden letztlich sei. Sein Protest richtet sich gegen die von den deutschen Kirchenregierungen vertretene Lehre der Deutschen Christen, »weil sie Irrlehre und weil sie durch Usurpation zur in der Kirche herrschenden Lehre geworden ist«.
Barth fährt im gleichen Zusammenhang fort, indem er nochmals die grundsätzliche Unvereinbarkeit der christlichen Offenbarung mit anderen Offenbarungsquellen hervorhebt. Und eben darin unterscheidet sich Barth von jenen, die nur thematisch begrenzte Einwendungen gegen die nationalsozialistische Politik und Kirchenpolitik zu machen haben: »Der Protest gegen die Irrlehre der Deutschen Christen kann nicht erst beim Arierparagraphen, bei der Verwerfung des Alten Testamentes, bei dem Arianismus der deutschchristlichen Christologie, bei dem Naturalismus und Pelagianismus der deutsch-christlichen Rechtfertigungs- und Heiligungslehre, bei

43. A. a. O. Heft II, 7f.

Martin Niemöller

der Staatsvergötterung der deutsch-christlichen Ethik einsetzen. Er muß sich grundsätzlich dagegen (als gegen die Quelle aller einzelnen Irrtümer) richten, daß die Deutschen Christen neben der heiligen Schrift als einziger Offenbarungsquelle das deutsche Volkstum, seine Geschichte und seine politische Gegenwart als eine zweite Offenbarungsquelle behaupten und sich damit als die Gläubigen eines ›anderen Gottes‹ zu erkennen geben.«[44]
Damit war in einem Augenblick »zur Sache«, aber auch »zur La-

44. A. a. O. Heft IV, 20.

ge« geredet, als in den Gemeinden, in der Pfarrerschaft und selbst in den Kirchenleitungen die Ratlosigkeit groß war, als der von Hitler protegierte Pfarrer Ludwig Müller im September 1933 zum Reichsbischof gewählt, das »Führerprinzip« eingeführt, mehrere DC-Bischöfe eingesetzt und einzelne Landeskirchen nach dem Kurs der NSDAP »gleichgeschaltet« wurden. Den einen war die rückhaltlose dogmatisch-orthodoxe Sprache Barths eine Hilfe zur eigenen Urteilsfindung und Entscheidung, anderen seiner ebenfalls in der kirchlichen Opposition stehenden Theologen war die theologische Radikalität des Schweizers mit dem Parteibuch der Sozialdemokraten in der Tasche suspekt. »Obwohl die deutsche Sozialdemokratie nicht dasselbe war wie ihre schweizerische Genossin und obwohl Karl Barth in Deutschland keinen unmittelbaren Gebrauch von dieser seiner politischen Haltung machte, war er doch für das Denken vieler unter das Urteil gerückt, daß er politisch linksgerichtet sei«,[45] bemerkt der spätere hannoveranische Bischof Hanns Lilje unter Hinweis darauf, daß Barth die lutherische Lehre von den »Zwei Regimentern«, dem Reich der Welt und dem Reich Gottes, mißverstanden habe. Ein Menschenalter nach den Ereignissen machte Heinz Zahrnt den Versuch einer Deutung:

»Barth gebührt konkurrenzlos das Verdienst, daß er der protestantischen Theologie nach dem Ersten Weltkrieg ihr zentrales Thema wiedergegeben und es auch nach 1933 gegen die ihr neuerdings drohende Gefahr der Verwischung und Verdunklung durchgehalten hat. Mit der Einseitigkeit des Genies verficht er seine Wahrheit, daß es keinen Weg vom Menschen zu Gott gibt, sondern nur einen Weg Gottes zu den Menschen, daß Gott diesen Weg allein in Jesus Christus gegangen ist und daß der Mensch auf Gott allein in der Heiligen Schrift trifft.«[46]

Dem muß hinzugefügt werden: Jede Einseitigkeit, auch die »geniale«, durch die Zeitsituation geforderte, durch das persönliche Charisma legitimierte, ruft nach Ergänzung, wenn nicht nach Korrektur, – eine Aufgabe, die durch ein Barthianer- oder sonstiges »-ianertum« schwerlich zu lösen ist.

45. Hanns Lilje: Memorabilia. Schwerpunkte eines Lebens. Nürnberg 1973, 114.
46. Heinz Zahrnt: Die Sache mit Gott. Die protestantische Theologie im 20. Jahrhundert. München 1966, 71.

Barmen 1934

Das an kirchengeschichtlich bedeutsamen Vorgängen ereignisreiche Jahr 1934 spielt in Barths Lebensgang ebenfalls eine wichtige Rolle. Gleich zu Beginn des Jahres versammelt sich in Barmen (Wuppertal) eine durch 167 evangelisch-reformierte Gemeinden vertretene »Freie Synode«. Im Auftrag dieses Gremiums hat Barth die dort angenommene »Erklärung über das rechte Verständnis der reformatorischen Bekenntnisse in der Deutschen Evangelischen Kirche der Gegenwart« ausgearbeitet. Sie stellt eine Standortbestimmung der protestantischen Kirche dar, auch wenn die Synode aus den genannten Gründen keine repräsentative Funktion zu erfüllen vermag. Ferner wird in dieser Erklärung das Verhältnis von Kirche und Staat näher bestimmt. In wie starkem Maße eine Verbindlichkeit in der Art der reformatorischen Bekenntnisschriften beabsichtigt ist, geht bereits aus der Textgestaltung hervor. Jedem Bekenntnissatz ist das definitive Nein zu zeitgenössischen »Irrlehren« an die Seite gestellt. Der Reformierte Bund unterstützt in einer Entschließung den Inhalt dieser Erklärung.
Diese »freie Synode« darf als ein Vorspiel zur eigentlichen Barmer Synode, der sogenannten »Bekenntnissynode«, angesehen werden. Sie tagt vom 29. bis zum 31. Mai 1934 in der reformierten Kirche von Barmen-Gemarke. Unter dem Vorsitz des Präses der Westfälischen Kirche, Pastor D. Karl Koch sind 139 Vertreter, meist Theologen, aus 18 Landeskirchen zusammengekommen. »Unter den 53 Nichttheologen der Synode war das akademische und bürgerliche Element beherrschend. Die fehlenden Bauern mochten die sieben ostelbischen adligen Grundbesitzer ersetzen. Ein ›Arbeiter‹, den Hannover mitgebracht hatte, war Mitglied der Synode, er gehörte jedoch zur Funktionärsbürokratie einer christlichen Gewerkschaft. Acht Universitätsprofessoren gehörten zur Synode, darunter sechs Theologen. Im übrigen war die Synode eine reine Männerveranstaltung (bis auf eine Frau, Stephanie von Mackensen, die zum pommerschen Bruderrat gehörte)«, bemerkt Karl Kupisch[47].
Die Bezeichnung »Bekenntnissynode« sagt wenig aus über eine

47. Karl Kupisch: Die deutschen Landeskirchen im 19. und 20. Jahrhundert, 145f.

Reformierte Kirche von Barmen-Gemarke,
in der 1934 die Barmer Erklärung erfolgte

etwaige gleichartige kirchenpolitische oder gar theologische Ausrichtung der erschienenen Synodalen. Sie kamen ohnehin aus Landeskirchen mit unterschiedlichem Bekenntnisstand. Eine Reihe von Synodalen war mit dem Parteiabzeichen der NSDAP dekoriert, für diese Zeit und den Anlaß kein außerordentliches Phänomen, bedenkt man die Hoffnungen derer, die mit ihrem Eintritt in die Partei eine besondere Chance für eine großflächige Volksmission gekommen sahen. Unterschiedlicher Deutung war zumindest die Versicherung fähig, die der hannoveranische Landesbischof August Marahrens in seiner Andacht aussprach, wonach wir »in diesem Volk, das in treuer Dankbarkeit seinem Führer, dem Schöpfer neuen nationalen Lebens folgt, ... mit dem Entschluß selbstloser unbedingter Hingabe« stehen und daß auch die Beratungen dieser Tage von Barmen »durchglüht sind von dem Wunsche ... der Wohlfahrt unseres Volkes unzerstörbare Wurzeln zu schenken«.

Als diese Worte gesprochen werden, da ist längst der Entwurf der kirchengeschichtlich so bedeutsamen theologischen Erklärung vorbereitet. Ein theologischer Ausschuß, bestehend aus Karl Barth, Thomas Breit und Hans Asmussen hatten ihn in Frankfurt ausgearbeitet. Asmussen erinnert sich 25 Jahre danach: »Wir tagten in Frankfurt im Basler Hof. Der Aufriß der Erklärung und die erste entscheidende Fixierung des gemeinsamen Gesprächs fiel Karl Barth zu ... Nach meinem Gedächtnis erreichte unsere Arbeit in Frankfurt ihren Höhepunkt, als es aus Anlaß irgendeiner Formulierung Barths um die ›natürliche Offenbarung‹ ging. Hier standen Thomas Breit und ich gegen Karl Barth.«[48]

Auch wenn sich Barth nicht selbst zur Urheberschaft dieses Textes bekannt hätte, so verraten doch Intention und Diktion, Aussagegehalt und Aussageform, in welchem Maße er an der Barmer Erklärung mitbeteiligt ist. Was in den Tagen der »Römerbrief«-Niederschrift gewachsen war, was in »Zwischen den Zeiten«, vor allem in »Theologische Existenz heute« geklärt und konkretisiert wurde, das hat nun jene thesenartige Verdichtung gefunden, wie man sie von Bekenntnisschriften der Reformation kennt. Doch mit Rücksicht auf die lutherischen Teilnehmer verzichtet man ausdrücklich

48. Hans Asmussen: Vor 25 Jahren. Erinnerungen eines Teilnehmers an der Barmer Synode vom 31. Mai 1934, in: Christ und Welt, Stuttgart, Mai 1959.

auf die Bezeichnung »Barmer Bekenntnis«. Die Kritik aus dem lutherischen Lager sollte ohnehin alsbald folgen, die – im sogenannten »Ansbacher Ratschlag«, angeführt von den bayerischen Theologen Werner Elert und Paul Althaus – ihren konfessionalistischen Widerstand gegen Barth zur Kenntnis brachte.

In der richtungweisenden These 1 heißt es:
»Jesus Christus, wie er uns in der Heiligen Schrift bezeugt wird, ist das *eine* Wort Gottes, das wir zu hören, dem wir im Leben und Sterben vertrauen und zu gehorchen haben. – Wir verwerfen die falsche Lehre, als könne und müsse die Kirche als Quelle ihrer Verkündigung außer und neben diesem einen Worte Gottes auch noch andere Ereignisse und Mächte, Gestalten und Wahrheiten als Gottes Offenbarung anerkennen.«

Zur Frage nach der theologischen Einschätzung der politischen Gewalt betont die 5. These:
»Die Schrift sagt uns, daß der Staat nach göttlicher Anordnung die Aufgabe hat, in der noch nicht erlösten Welt, in der auch die Kirche steht, nach dem Maße menschlicher Einsicht und menschlichem Vermögen unter Androhung und Ausübung von Gewalt für Recht und Frieden zu sorgen. Die Kirche erkennt in Dank und Ehrfurcht gegen Gott die Wohltat dieser seiner Anordnungen an. Sie erinnert an Gottes Reich, an Gottes Gebot und Gerechtigkeit und damit an die Verantwortung der Regierenden und Regierten. Sie vertraut und gehorcht der Kraft des Wortes, durch das Gott alle Dinge trägt. – Wir verwerfen die falsche Lehre, als solle der Staat über seinen besonderen Auftrag hinaus die einzige und totale Ordnung menschlichen Lebens werden und also auch die Bestimmung der Kirche erfüllen. Wir verwerfen die falsche Lehre, als solle und könne sich die Kirche über ihren besonderen Auftrag hinaus staatliche Art, staatliche Aufgaben und staatliche Würde aneignen und damit selbst zu einem Organ des Staates werden ...«[49]

Die lange andauernde Diskussion zeigt, daß dieser Text über die eigentliche Kirchenkampfsituation hinaus trotz veränderter Verhältnisse nichts an Bedeutung eingebüßt hat. Die Geschichtsschreibung kann heute schon über Barmen und damit über Barths Beitrag urteilen: »Barmen war nach langer Zeit eine erste Höhe in der

49. Quellen zur Geschichte des deutschen Protestantismus 1871–1945, hg. von Karl Kupisch. München 1965, 275ff.

Geschichte der evangelischen Kirche Deutschlands, ein in die Zukunft weisendes Zeichen, das eine entsprechende theologische Weiterarbeit erforderte.«[50]

Abschied und Neubeginn

»Darin sehe ich seine Bedeutung für die Bekennende Kirche, daß er in ihrem stillen Werden vor den Kirchenwirren, in ihrer sichtbaren Arbeit und auch in bösen, schuldvollen Tagen als Lehrer der Kirche, als Seelsorger, Bischof und Bruder mit uns Hand in Hand ging, uns weder überwältigte, noch uns um der Freundschaft willen ohne Hemmung ließ, dafür aber uns mit bindendem und lösendem Worte zum Herrn selbst rief.«[51]
Dieses Wort aus der Feder Hans Asmussens, im Blick auf Barths 50. Geburtstag 1936 niedergeschrieben und im Rückblick nach zwanzig Jahren durch Ernst Wolf in seiner Gültigkeit bestätigt, drückt die hohe Wertschätzung vieler – freilich nicht aller – aus. Doch als die Freunde den Geburtstag begehen, da hat ihr »Lehrer und Bruder« – »Bischof« war für Barth damals ein mit Hypotheken belasteter Titel! – längst das nationalsozialistische Deutschland verlassen, und zwar seines Amts als preußischer Staatsbeamter enthoben und in den Ruhestand versetzt. Der theologisch-kirchliche Konflikt hatte sich auf den politischen Sektor ausgeweitet. Unschwer konnte Barth von den braunen Machthabern als politisch unzuverlässig gebrannntmarkt werden. »... weil ich meine Vorlesung in Bonn nicht gut mit dem Hitlergruß beginnen, und weil ich einen unbedingten Eid auf den Führer, wie ich ihn als Beamter schwören sollte, nicht gut schwören konnte, darum habe ich meine Stellung im Dienst dieses Staates verlieren und Deutschland verlassen müssen«, kommentiert Barth diese Vorgänge vom Sommer 1935[52].

50. Karl Kupisch: Die deutschen Landeskirchen im 19. und 20. Jahrhundert, 146.
51. Hans Asmussen, zit. bei Ernst Wolf (Hg.): Karl Barth zum Kirchenkampf. München 1956, 3 (Theologische Existenz heute 49).
52. Karl Barth: Parergon, in Evangelische Theologie, 1948, Heft 6, 274.

Der Abschied aus Deutschland, wo er immerhin vierzehn Jahre lang als Hochschullehrer mit zunehmender Publizität gewirkt hatte, bedeutete für Barth kein Ende, nicht einmal im Blick auf den damals noch andauernden Kirchenkampf. Die »Schweizer Stimme« verstummte nicht, weder theologisch noch kirchenpolitisch und brüderlich beratend, kritisch und ermutigend begleitend. Seine Stimme konnte um so vernehmbarer sein, als er noch in den Junitagen des Jahres 1935 von seiner Vaterstadt berufen worden war. So erstreckte sich Barths weitere akademische Lehrtätigkeit an der Universität Basel offiziell bis 1961 und darüber hinaus bis in die Maitage seines Todesjahres 1968, nur unterbrochen durch zahlreiche Reisen und auswärtige Gastvorlesungen.
Einen Auftakt dazu bildeten jene 16 Vorlesungen, die er im Frühjahr 1935 von Bonn aus an der Universität Utrecht gehalten hat und die in dem Band »Credo« ihren literarischen Niederschlag gefunden haben. Wohl beschäftigt er sich in diesen Vorlesungen auftragsgemäß mit Hauptproblemen der christlichen Dogmatik, dargestellt im Anschluß an das Apostolische Glaubensbekenntnis. Aber die Gemächlichkeit, die Ruhe und Distanz, mit der er selbst einmal Theologie getrieben hat, ist dahin. Deshalb gibt er seinen holländischen Zuhörern gegenüber zu bedenken, aus welcher geschichtlichen Situation heraus heute Theologie getrieben und bekannt werden müsse: »Diese Situation, diese direkte Gefordertheit von der Not des Lebens, von der Bedrängnis, in der die Kirche in Deutschland sich jetzt befindet, hat natürlich ihre guten und ihre gefährlichen Seiten. Aber es ist nicht zu leugnen, daß die Situation einer ecclesia militans (d. h. der kämpfenden Kirche) eine nähere Verwandtschaft aufzuweisen hat zu den großen Zeiten der kirchlichen Vergangenheit, zu den Zeiten, in denen das kirchliche Dogma entstanden ist. Unwillkürlich wird man zu diesem Dogma eine andere innere Stellung einnehmen, als sie etwa eingenommen wird in einer ruhigen kirchlichen Situation, in der man es bloß ehrt und wohl auch kritisiert als Vermächtnis einer nicht mehr gegenwärtigen Vergangenheit.«[53] Das konkrete Jetzt und Hier ist für Barth zwar nicht der Ort geschehender Offenbarung oder Neuoffenbarung, dagegen richtet sich ja gerade sein unerbittlicher Kampf. Das konkrete Jetzt und Hier ist für ihn eher der Ort der Bewährung, an dem auf das ergangene Wort Gottes gehört werden müsse.

53. Karl Barth: Credo. München 1935, 151.

Barth um 1935

In einer Reihe von Vorlesungen nimmt Barth Gelegenheit, seine Vorstellungen zur Sache bekannt zu machen. Dazu gehören die von Basel aus an der Universität Aberdeen gehaltenen »Gifford Lectures« von 1937 und 1938. Sie enthalten die theoretischen Grundlagen seiner politischen Ethik und dessen, was er unter »politischem Gottesdienst« versteht. Mit großer Entschiedenheit grenzt er sich gegenüber den Reformatoren, vor allem gegen Luther und dessen Zwei-Reiche-Lehre ab: Der Staat beruhe demnach nicht auf einer allgemeinen und neutralen Vorsehung Gottes. Er sei vielmehr von dem Vater Jesu Christi als außerordentlicher Diener (minister extraordinarius) der Kirche errichtet. Seine Aufgabe (ministerium) bestehe darin, der Kirche zu dienen, indem er für Ordnung sorgt und die freie, uneingeschränkte Verkündigung des Wortes Gottes gewährleistet. Und als einer, der die Diktatur in ihren Anfängen in Deutschland kennengelernt hat, spricht er sich für die Demokratie aus. Sie sei diejenige Regierungsform, die am ehesten den göttlichen Dienst gewährleisten könne. Umgekehrt macht er in seinem auch im Druck erschienenen Referat »Die Kirche und die politische Frage heute« (1938) deutlich, daß der nationalsozialistische Staat der eigentliche Gegner des Rechtsstaates sei. Ihm müsse der Christ Widerstand leisten. Für ihn, den Schweizer Reformierten, ist das Widerstandsrecht gegen die mißbrauchte Staatsgewalt eine Selbstverständlichkeit. In dem in Wipkingen/Zürich gehaltenen Vortrag finden sich – wenige Wochen nach den Ausschreitungen gegen die Juden in der sogenannten »Kristallnacht« vom 9. November 1938 – die Sätze: »Wer ein prinzipieller Judenfeind ist, der gibt sich ... als prinzipieller Feind Jesu Christi zu erkennen. Antisemitismus ist Sünde gegen den Heiligen Geist.«
Außerordentliches Aufsehen aber erregt jener Brief, den er in den Tagen der Tschechenkrise, am 19. September an seinen Prager Freund, den Theologen Josef Hromádka schreibt, in dem er unter Hinweis auf die große sozialrevolutionäre Tradition der Böhmen zum offenen Widerstand gegen die »großdeutschen« Usurpatoren aufruft; – und das zu einem Zeitpunkt, da die Großmächte England und Frankreich im Münchener Abkommen vom 30. September Hitlers Expansionsbestrebungen diplomatisch billigen. In diesem Brief erwartet Karl Barth, daß in dem entscheidenden Augenblick »die Söhne der alten Hussiten dem allzu schlaff gewordenen alten Europa ... zeigen werden, daß es auch heute noch Männer gibt.

Jeder tschechische Soldat, der dann kämpft und leidet, wird dies auch für uns und – ich sage es jetzt ohne Rückhalt – er wird es auch für die Kirche Jesu tun ... die in dem Dunstkreis der Hitler und Mussolini nur entweder der Lächerlichkeit oder der Ausrottung verfallen kann ...«[54]

Wie in diesen Tagen kaum anders zu erwarten, ist die Reaktion selbst in den Reihen der Bekennenden Kirche durch Betroffenheit gekennzeichnet. Hier sei gerade das passiert, was beispielsweise Luther habe vermeiden wollen, nämlich die Verquickung von Evangelium und Politik. Einen solchen »Lehrer der Kirche« könne man nicht länger akzeptieren, meinen die einen. Und die nationalsozialistischen Gegner, von denen sich der Schweizer Theologe »als eine Art Staatsfeind Nr. 1« ins Visier genommen sieht, meinen, daß Barth nun sein »wahres Gesicht« gezeigt habe. Noch in den Dezembertagen des gleichen Jahres also kurz vor der tatsächlichen Annektion der Tschechoslowakei und ein Dreivierteljahr vor Ausbruch des Zweiten Weltkriegs schreibt Barth für »Christian Century« die ahnungsvollen Sätze: »Ich hoffe, daß wir nicht zu spät und nicht zu schmerzlich aus dem Schlaf erwachen müssen, dem sich mit vielen anderen auch die christlichen Kreise in den europäischen Ländern immer noch hingeben zu dürfen meinen ... Hitler wird gewiß irgendeinmal – vielleicht schon bald – nicht mehr da sein, und dann wird auch meine Stellung und Funktion den gewissen grellen Widerspruchs- und Widerstandscharakter, den sie heute haben muß, nicht mehr oder jedenfalls so wie heute, nicht mehr haben müssen.«[55.]

Barth bedauert im gleichen Zusammenhang, daß es ihm nicht immer gelungen sei, sich für alle verständlich auszudrücken. Im Grunde habe er sich nicht in der Weise »geändert« wie selbst manche seiner Freunde annahmen. Für ihn habe es nur nicht jenen »abstrakten transzendenten Gott« auch nicht jene »abstrakt eschatologische Erwartung ohne Gegenwartsbedeutung« gegeben, die man ihm andichte. Vor allem sei er nicht der Schweizer Neutrale oder Pazifist, obwohl er immer wieder betont, daß der deutsche Kirchenkampf ein geistlicher und nicht ein weltlicher Kampf sei, dem durch Sympathiekundgebungen von außen nicht im mindesten gedient sei, denn: »Was hülfe es, wenn die ganze

54. Karl Barth: Eine Schweizer Stimme, 1945, 58f.
55. Karl Barth: Parergon, a. a. O. 274f.

Josef Hromádka

englische Flotte an der Elbemündung erscheinen würde ...« Auch gehe es in dem Bekenntniskampf gar nicht um die Freiheit, »sondern um die notwendige *Bindung* des Gewissens und nicht um die Freiheit, sondern um die *Substanz* der Kirche, das heißt um die Erhaltung, Wiederentdeckung und Bewährung des rechten christlichen Glaubens«, so heißt es in Barths Antwort auf eine Anfrage, die englische Christen im Frühjahr 1937 an ihn richten[56]. Äußerungen wie diese stehen aber niemals isoliert da. Sie sind in einem größeren Kontext zu sehen. Das trifft für Barths politische Ethik in besonderem Maße zu. So schreibt er zwölf Jahre später, also nach Beendigung des Zweiten Weltkriegs, zum gleichen Komplex: »Im Hromádka-Brief von 1938 habe ich – um des Glaubens willen – zum bewaffneten Widerstand gegen die eben stattfindende bewaffnete Drohung und Aggression Hitlers aufgerufen. Ich bin kein Pazifist und würde heute in derselben Lage dasselbe wieder tun. Der damalige Feind der tschechoslowakischen und der europäischen Freiheit bewies es in jenen Tagen durch die Tat und hat es nachher immer wieder bewiesen, daß seiner Gewalt nur durch Gewalt zu begegnen war ... Der Friede um jeden Preis, den die Welt und auch die Kirche damals haben wollte, war eine tief unmenschliche, aber auch tief unchristliche Angelegenheit. Das ist es, was ich damals zu ›schreien‹ versuchte. Viel Unmenschliches und Unchristliches, was nachher geschah, hätte damals, wenn die Staatsordnung im Westen rechtzeitig verteidigt worden wäre, verhältnismäßig schmerzlos, vielleicht sogar ohne Blutvergießen, einfach durch den Beweis bewaffneter Festigkeit verhindert werden können.«[57]

Christologische Konzentration

Über dem frühen, dem provokativen Barth der »Römerbrief«-Zeit und über dem starken Engagement Barths während der Zeit des Kirchenkampfes darf nicht vergessen werden, daß eine nicht minder konzentrierte theologische Arbeit diese Jahre einer starken Hinwendung zu den aktuellen politisch-kirchenpolitischen Problemen begleitet hat. Erst von daher ist jenes ebenfalls mißverstande-

56. Karl Barth zum Kirchenkampf, hg. von Ernst Wolf. München 1956, 68.
57. Karl Barth: Der Götze wackelt. Zeitkritische Aufsätze, Reden und Briefe von 1930 bis 1960. Hg. von Karl Kupisch, Berlin 1961, 152f.

ne Wort vom Sommer 1933 zu begreifen, es gelte jetzt, gerade jetzt, Theologie zu treiben, »als wäre nichts geschehen«.
Über zweierlei ist sich Karl Barth während dieser spannungsgeladenen dreißiger Jahre im klaren: Es gilt einerseits das zuvor Erkannte angesichts der Zeitereignisse *anzuwenden* und damit der »Theologischen Existenz heute« zu dienen. Doch das wäre nicht genug, denn andererseits empfindet Barth schon lange vor Ausbruch des Kirchenkampfes, daß eine *Vertiefung* des bis dahin Erarbeiteten vonnöten sei. Dazu gehören die um 1930 einsetzenden Studien über den großen Scholastiker Anselm von Canterbury. In diesem Zusammenhang bemüht sich Barth, der sich von etlichen seiner Freunde getrennt hat, nun auch von den »letzten Resten einer philosophischen beziehungsweise anthropologischen Begründung und der Erklärung der christlichen Lehre« zu lösen. Die christliche Glaubenslehre, die diesen Namen verdient, dürfe sich allein an »dem uns gesagten lebendigen Wort Gottes« orientieren, also nicht an einer Philosophie und nicht an einer wie auch immer gearteten Anthropologie. – Aber ist das möglich, so verständlich und so begründbar diese Forderung ist? Geschieht Theologie, Rede von Gott, Verkündigung dieses »uns gesagten lebendigen Wort Gottes« nicht immer auch mit den Denkformen und Erkenntnismitteln einer bestimmten Philosophie, Anthropologie, Psychologie, Soziologie usw.?
Immerhin, das Problem ist gestellt. Barth sucht ein Erkenntnisfundament für sein theologisches Schaffen zu gewinnen. So entsteht noch in Bonn 1931 die kleine, wie er selbst sagt, »mit der größten Liebe« geschriebene, jedoch die am wenigsten gelesene seiner Schriften mit dem programmatischen Titel »Fides quaerens intellectum« über Anselms Gottesbeweis: Der Glaube (fides), von Barth als »Kenntnis und Bejahung des Wortes Gottes« verstanden, fordert das Verstehen (intellectus) heraus. Diese theologische Erkenntnisbemühung erfolgt in der Gestalt des Fragens nach dem Verstehen (quaerens intellectum).
Es zeigt sich, daß die Bonner Anselm-Vorlesung von 1930 und die genannte Schrift im Rahmen des Barthschen Gesamtwerks viel mehr ist als nur eine beiläufige Episode. Es ist eher so, wie Karl Kupisch einmal anmerkt, daß vom Anselm-Buch der Weg direkt zur »Kirchlichen Dogmatik«, das heißt zu dem eigentlichen theologischen Lebenswerk von Karl Barth führe. Inhaltlich gesehen ist es ein Weg in die »christologische Konzentration«. Als er sich und an-

deren über diesen Weg Rechenschaft zu geben sucht, da umreißt er das Problem so:
»Meine neue Aufgabe war, alles vorher Gesagte noch einmal ganz anders, nämlich jetzt als eine Theologie der Gnade Gottes in Jesus Christus durchzudenken und auszusprechen. Ich kann nicht verschweigen, daß ich in der Bearbeitung dieser Aufgabe – ich möchte sie als christologische Konzentration bezeichnen – zu einer in erhöhtem Sinne kritischen Auseinandersetzung mit der kirchlichen Tradition, auch mit den Reformatoren, auch mit Calvin geführt worden bin. Und ich habe die Erfahrung gemacht, daß ich in dieser Konzentration alles viel klarer, unzweideutiger, einfacher und bekenntnismäßiger und zugleich doch auch viel freier, aufgeschlossener und umfassender sagen konnte als vorher, wo ich – weniger durch die kirchliche Tradition als durch die Eierschalen einer philosophischen Systematik – mindestens teilweise gehemmt war.«[58]
In Anlehnung an ein Wort von Georges Casalis könnte man sagen: Barth zieht hiermit den Bindestrich der Zeit seiner ersten dogmatischen Versuche und dem Werk seiner Reife. Ein anderer Barth-Kenner, der französische Jesuit Henri Bouillard, weist der Anselm-Schrift im Barthschen Gesamtwerk eine ähnliche Bedeutung zu wie »Discours de la Méthode« im Opus von Descartes. Theologische Erkenntnis und Gebet korrespondieren einander. Im übrigen steht für Barth fest, daß christliche Dogmatik »im Ganzen und in allen ihren Teilen christologisch gestimmt sein« müsse, weil Wort Gottes und das in Jesus Christus geoffenbarte Wort identisch sind. Von daher ergibt sich für Karl Barth ein intimer Zusammenhang zwischen Dogmatik und Christologie, die eine kommt mit der anderen zur Deckung. So bedeutet nicht erst die Übersiedelung Barths von Bonn nach Basel einen Neuanfang. Theologisch gesehen beginnt er schon während seiner Bonner Jahre. Freilich findet er erst in Basel die erforderliche Muße, sein opus magnum, die »Kirchliche Dogmatik« als die reife Frucht seiner »christologischen Konzentration« zu ernten und darzubieten.

58. Karl Barth: Parergon, a. a. O. 272.

»Die Kirchliche Dogmatik«

Ursprünglich war es Barths Absicht, den 1927 veröffentlichten Entwurf seiner »Christlichen Dogmatik«, nachdem die 1. Auflage vergriffen war, in einer wenig revidierten Form erneut vorzulegen und den darin enthaltenen ersten Teil einer Lehre von Gottes Wort durch weitere Teile zu ergänzen. Aber es zeigte sich, daß eben das nicht möglich war. Der Autor sah sich in einer ähnlichen Situation wie damals, als sein Verleger die Notwendigkeit einer Neuauflage seines »Römerbriefs« meldete, Barth jedoch einsehen mußte, daß von der in kleiner Auflage gedruckten ersten Fassung »kein Stein auf dem andern« bleiben durfte. Es mußte alles nochmals neu durchdacht und neu formuliert werden.
So stellt sich Barth die Aufgabe, dasselbe noch einmal, »noch einmal ganz anders« zu sagen und von vorne anzufangen. Und dieser Neuanfang wächst, wie erwähnt, unmittelbar aus der Beschäftigung mit den Fragen hervor, die die Anselm-Studien in Gang gebracht haben. Und noch ehe der Kirchenkampf anbricht, kann der erste Teilband 1932 erscheinen, »Die Lehre vom Wort Gottes«. Schon die andere Formulierung, »*Kirchliche* Dogmatik« statt »Christliche Dogmatik«, signalisiert die Akzentverschiebung. Von einer wie auch immer gearteten religiösen Unverbindlichkeit oder Unverbundenheit will Barth nichts wissen, denn »die Kirche ist der Ort, die Gemeinschaft, der der Gegenstand und die Tätigkeit, auf welche die Dogmatik sich bezieht, nämlich die Verkündigung des Evangeliums, aufgetragen ist. Wenn wir die Kirche das Subjekt der Dogmatik nennen, so ist damit gemeint: Wo Dogmatik getrieben wird, sei es lernend, sei es lehrend, da befindet man sich im Raum der Kirche. Wer sich mit Dogmatik beschäftigen wollte und sich bewußt außerhalb der Kirche stellte, der würde damit rechnen müssen, daß ihm der Gegenstand der Dogmatik fremd sein würde, und dürfte sich nicht wundern, wenn er nach den ersten Schritten sich nicht mehr zurechtfinden bzw. Verheerungen anrichten würde.«[59]
Damit ist unmißverständlich zum Ausdruck gebracht, daß die »Sache«, die Barth treibt, von ihm mehr und mehr als die Sache der Kirche verstanden wird. Und weil Kirche für ihn, den Prediger und

59. Karl Barth: Dogmatik im Grundriß. Zürich 1947, 8 ff.

Barth im theologischen Seminar

Lehrer, konkret »Zeugendienst« ist, deshalb ist keine andere Basis und kein anderer Ausgangspunkt für eine kirchliche Dogmatik denkbar, verantwortbar als »das« Zeugnis, nämlich die Heilige Schrift in ihrer Gesamtheit. Selbst das Wort der Kirchenväter und der Reformatoren, nicht zuletzt das Wort seines Johannes Calvin, sind an dem »einen Wort Gottes« zu messen und zu korrigieren. Und weil das so ist, kommt den exegetischen Kontexten, die Barths »Kirchliche Dogmatik« durchsetzen, tragende Bedeutung zu. Ohne die ständige Vergewisserung dessen, was das Wort zur Situation des Menschen vor Gott zu sagen habe, wäre Barths Hauptwerk nicht das, was es ist und gemäß der Intention seines Autors sein will. Helmut Gollwitzer, der streitbare Theologe und ehemalige Bonner Assistent Barths, weist einmal darauf hin, daß die kleingedruckten exegetischen Exkurse der »Kirchlichen Dog-

DIE LEHRE VOM WORT GOTTES

PROLEGOMENA ZUR KIRCHLICHEN DOGMATIK

VON

KARL BARTH

D. THEOL., D. D.
O. PROFESSOR AN DER UNIVERSITÄT BONN

ERSTER HALBBAND

CHR. KAISER VERLAG MÜNCHEN 1932

Titelblatt »Kirchliche Dogmatik«

matik« zwar den eigentlichen Darlegungen nachgestellt sind, jedoch *vor* deren Niederschrift fixiert wurden. Es bedeute, »das zeitliche Vorher der Exegese zeigt die Heteronomie, die Bindung des theologischen Denkens, das räumliche Nachher im Druck aber zeigt seine Autonomie, die Freiheit und Eigenverantwortlichkeit; es ist nicht sklavisches Nachreden, sondern nach demütigem Hören freies Aussprechen des eigenen Verständnisses: ›Freiheit der Gebundenen‹ ...«[60]

So steht die kontinuierliche Bindung an den Bibelwortlaut außer Zweifel. Und eben dieser Wortlaut entspricht jenem »Kanon«, der maßgeblichen Richtschnur, die sich die frühe Kirche gegeben und in ihrer Geschichte bestätigt hat. Neben Augustin, Luther und Calvin – auch darin ist Gollwitzer zuzustimmen – dürfte es kaum einen großen christlichen Denker geben, bei dem der exegetische Charakter aller Theologie in so hohem Maße ans Licht tritt, wie das bei Karl Barth der Fall ist.

Von Anfang an steht fest, daß das zu erstellende Werk fünf Teile umfassen solle, nämlich:

I. Band: **Die Lehre vom Wort Gottes**

Während der erste Teilband von 1932 dem Wort Gottes als Kriterium der Dogmatik gewidmet ist und rund 500 Seiten umfaßt, erlangt der zweite Teilband (1938) dieser sogenannten Prolegomena bereits den doppelten Umfang. Das zeigt, wie breit angelegt das Werk geplant ist. Dieser Band umfaßt grundlegende Ausführungen zum Wesen der Christologie, der Trinität und der Heiligen Schrift.

II. Band: **Die Lehre von Gott**

ebenfalls auf zwei Teilbände gleichen Umfangs verteilt, erörtert Möglichkeiten und Grenzen christlicher Gotteserkenntnis, Wirklichkeit und Manifestation Gottes. Der zweite Teilband umfaßt Grundlagen der christlichen Ethik.

III. Band: **Die Lehre von der Schöpfung**

Hier holt der Dogmatiker noch weiter aus, wenn er auf der breiten Basis von vier Teilbänden, zwischen 1945 und 1951 erschienen,

60. Helmut Gollwitzer in: Karl Barth: Kirchliche Dogmatik (Taschenbuchausgabe). München–Hamburg 1965, 11 f.

das Werk der Schöpfung, das Geschöpf, den Schöpfer in der Beziehung zum Geschöpf, schließlich das Gebot Gottes als des Schöpfers bedenkt. Dabei stellt der erste Teilband eine tiefgreifende Auslegung der alttestamentlichen Schöpfungsgeschichten von Genesis Kapitel 1 und 2 dar. Im zweiten Teilband wird eine theologische Anthropologie, eine christliche Lehre vom Menschen entfaltet. Der dritte Teilband ist den Themenkreisen Vorsehung Gottes, den Mächten des »Nichtigen« (Bösen) und den Engeln gewidmet. Sehr konkret wird der Verfasser im vierten Teilband des Bandes III, in dem er eine christliche Ethik entwirft, die in umfassender Weise auf alle jene Fragen eingeht, die sich aus der Beziehung des Geschöpfes Mensch zum Mitmenschen und zu aller Geschöpflichkeit ergeben.

IV. Band: **Die Lehre von der Versöhnung**
trifft ins Zentrum der Barthschen Theologie überhaupt. Hier läßt sich ablesen, was »christologische Konzentration« vor dem Horizont einer »Kirchlichen Dogmatik« faktisch bedeutet. Nach einer Verständigung über den Gegenstand und die Probleme der Versöhnungslehre richtet sich die Besinnung auf die Themen: Jesus Christus der Herr als Knecht, Jesus Christus der Knecht als Herr, Jesus Christus der wahrhaftige Zeuge. Hinzu tritt ein Fragment über die Taufe als Begründung des christlichen Lebens. Allein dieser aus fünf Teilbänden bestehende IV. Band, der als solcher nicht ganz vollendet werden konnte, umfaßt mehr als 3000 Druckseiten.

Der V. Band: **Die Lehre von der Eschatologie**
blieb unausgeführt. Somit blieb das weit über 9000 Seiten zählende dogmatische Werk ein Fragment, wiewohl Gesamtkomposition, Struktur und Durchführung der einzelnen 13 Teilbände implizit vieles vervollständigend von dem vorwegnehmen, was der Autor in dem abrundenden Band zu entfalten beabsichtigt haben wird.

Die gedanklich-theologische Architektur der Barthschen »Kirchlichen Dogmatik« ist oft bewundernd besprochen und gewürdigt worden, nicht zuletzt von katholischen Theologen. So bekennt Hans Küng einmal, Karl Barth habe die protestantische Theologie »selbst für uns Katholiken wieder zu einem ernsthaften, evangelischen Diskussionspartner gemacht«.

Bezeichnend ist in diesem Zusammenhang, daß die erste umfassende Monographie über den reformierten Theologen von einem Katholiken, Hans Urs von Balthasar, stammt, der unter ausdrücklichem Hinweis auf die große dogmatische Tradition seiner Kirche, der katholischen Kirche, urteilt:
»Barths Theologie ist schön. Nicht bloß in dem äußerlichen Sinn, daß Barth gut schreibt. Er schreibt gut, weil er zwei Dinge vereint: Leidenschaft und Sachlichkeit. Und zwar Leidenschaft für die theologische Sache, und Sachlichkeit, wie sie einer so aufregenden Sache, der Theologie gebührt ... Man muß doch wohl bis auf Thomas zurückgehen, um dieses Freisein von jeder Spannung und Enge, diese völlige Überlegenheit des Verstehens und der Güte wiederzufinden, einer Güte, die bei Barth nicht selten die Färbung des Humors, aber vor allem einen ausgesprochenen Geschmack für Tempo giusto, gedanklichen Rhythmus annimmt. Barth weiß glaubhaft zu machen, daß für ihn das Christentum eine schlechthin triumphale Angelegenheit ist ...«[61]
Nirgend sonst als in seiner »Kirchlichen Dogmatik« findet sich der Beleg für diese Feststellung. Das Volumen und die geistige Spannweite dieses nach Gehalt und Gestalt so umfangreichen Werkes läßt sich indessen kaum zureichend referieren. Ohne empfindliche, Form und Aussage verkürzende Reduktionen geht es nicht ab, selbst wenn »genügend« Raum zur Verfügung stünde. Insofern ist jeder Bericht bestenfalls ein Hinweis, ein Appell, eine Einladung: Nimm und lies!

Unter der Inspiration Mozarts

Einem Theologen vom Schlag eines Karl Barth wird man – sofern überhaupt – kaum dadurch gerecht, daß man nur die Spuren seines Lebens und Denkens nachzeichnet, indem man sie allein auf das Theologische beschränkt. Barth will auch von den Nachgeborenen entdeckt werden, wie er »jenseits seiner Bücher steht«

61. Hans Urs von Balthasar: Karl Barth. Darstellung und Deutung seiner Theologie. Köln 1951, 35f.

Wolfgang Amadeus Mozart

(Bonhoeffer): der Ehegatte und Familienmensch, der Vater von vier Söhnen und einer Tochter; der in gleichem Maß zu Ernst und Humor, ja zu beißendem Spott aufgelegte Freund seiner Schüler und Lehrer seiner Freunde; »Gottes fröhlicher Partisan«, der darauf sieht, daß seine Tabakspfeife auch in heiklen Situationen nicht ausgeht; der passionierte Reiter, der als Patriot noch als Vierundfünfzigjähriger sich im Kriegsjahr 1940 freiwillig meldet, um als Soldat der fünften Bewachungs (»Volkssturm«)-Kompanie die drohenden Heere Hitlers von den Grenzen des neutralen Bundesstaates fernhalten zu helfen ...

Derselbe Karl Barth gilt als Mozart-Kenner, mehr noch: er ist ein Liebhaber von Wolfgang Amadeus Mozart. Im selben Jahr 1956, in dem sich Barths Geburtstag zum 70., Mozarts Geburtstag zum 200. Mal jährt, richtet der Theologe an den Komponisten einen offenen Brief, den die »Luzerner Neuesten Nachrichten« am 21. Januar veröffentlichen. Darin heißt es:

»Was ich Ihnen danke, ist schlicht dies, daß ich mich, wenn immer ich Sie höre, an die Schwelle einer bei Sonnenschein und Gewitter, am Tag und bei Nacht, guten, geordneten Welt versetzt und dann als Mensch des 20. Jahrhunderts jedesmal mit Mut (nicht Hochmut!), mit Tempo (keinem übertriebenem Tempo!), mit Reinheit (keiner langweiligen Reinheit!), mit Frieden (keinem faulen Frieden!) beschenkt finde. Mit Ihrer musikalischen Dialektik im Ohr kann man jung sein und alt werden, arbeiten und ausruhen, vergnügt und traurig sein, kurz: leben.«

Wie kommt wohl der ernste Schüler Calvins dazu, das Bild seines reformierten Kirchenvaters neben Mozart aufzuhängen und ihm öffentlich zu huldigen, in Vorträgen und in einer kleinen, dem Musiker gewidmeten Schrift?
Energisch hat er es immer abgelehnt, seine Mozart-Begeisterung »nur als einen Spleen« abgetan zu sehen. Vielmehr weiß er noch als Greis zu berichten, wie einst die Mutter dem etwa Fünfjährigen ein paar Takte aus der »Zauberflöte« (»Tamino mein, o welch ein Glück ...«) vorgespielt habe. Und Barth erinnert sich: Da ging es mir »durch und durch«. Lange bevor man von dem künftigen Theologen wissen kann, da ist Karl Barth für den großen Musiker gewonnen. Noch in einer wenige Wochen vor seinem Tod ausgestrahlten Sendung des Schweizer Rundfunks bekennt er sich zu ihm, indem er auf die Berührungspunkte zu sprechen kommt, die ihn mit Mozart verbinden:
»Was ich höre bei Mozart, ist ein letztes Wort über das Leben, soweit es von Menschen ausgesprochen werden kann. Vielleicht ist es kein Zufall, daß es gerade ein Musiker gesagt hat. Aber ich höre ein letztes Wort, das sich bewährt, ein Wort, das durchhält, auf das man zurückkommen, mit dem man immer wieder anfangen kann. Denn wir müssen schließlich alle jeden Morgen wieder neu anfan-

gen – und das Neu-Anfangen mache ich am besten, wenn ich Mozart höre, nicht wahr?«[62]

Und wer zurückfragt, warum nicht Ludwig van Beethoven der Erwählte sein könne, dem gibt Barth zu verstehen, dessen Musik sei zu sehr »Lebensbekenntnis«, zu ernst und zu streng. Und selbst wer von dem Protestanten eine Vorliebe für den ganz aus dem Geist der reformatorischen Rechtgläubigkeit schaffenden Johann Sebastian Bach erwartet, dem sagt Barth, Bachs Musik sei zu sehr »Botschaft«. Protestantische »Botschafts«-Musik liege ihm nicht. Offenbar hängt Barths Liebe zu Mozart mit seiner Theologie zusammen, allenfalls mit der aus der Spätphase der »christologischen Konzentration«, weniger mit der aus der »Römerbrief«-Zeit. Es ist die Phase, in der Barth die Menschlichkeit Gottes in der Gestalt einer »humanen Theologie« zu bezeugen hat. Von diesem Gottesbild sagt er etwa zur gleichen Zeit im Zusammenhang seiner »Kirchlichen Dogmatik«:

»Gott bedarf keines Ausschlusses der Menschlichkeit, keiner Nichtmenschlichkeit oder gar Unmenschlichkeit, um wahrhaft Gott zu sein. Gottes recht verstandene *Göttlichkeit* schließt ein: seine Menschlichkeit ... So wie er ist Gott. So bejaht er den Menschen. So nimmt er Anteil an ihm. So setzt er sich selbst für ihn ein. Der Gott Schleiermachers kann sich nicht erbarmen. Der Gott Abrahams, Isaaks und Jakobs kann und tut es. Ist Jesus Christus das Wort der Wahrheit, der ›Spiegel des väterlichen Herzens Gottes‹ (Luther), dann ist Nietzsches Satz, der Mensch sei etwas, was überwunden werden muß, eine freche Lüge; dann ist gerade die Wahrheit Gottes diese und keine andere – mit Titus 3,4 zu reden: seine *Menschenfreundlichkeit*.«[63]

So sind es in der Tat achtbare theologische Gründe, die den Autor der voluminösen »Kirchlichen Dogmatik« bewogen haben, sich von dem »Katholiken und Freimaurer« Mozart inspirieren zu lassen.

62. Karl Barth: Letzte Zeugnisse, 13f.
63. Karl Barth, zit. bei Eberhard Busch: Humane Theologie. Texte und Erläuterungen zur Theologie des alten Karl Barth. Zürich 1967, 14ff.

Zukunft der Theologie

Karl Barth ist – seinem eigenen Zeugnis zufolge – bis in sein hohes Alter hinein »Student der Theologie«, das heißt Lernender geblieben. Als solcher hat er die Entwicklungen und Verwicklungen dieser seiner Disziplin mit großer Aufmerksamkeit verfolgt, auch wenn er das nicht immer eine »fröhliche Wissenschaft« nennen konnte, was er bei zeitgenössischen Kollegen wahrnahm. Er selbst berichtet von einem anderen theologischen Jahrhundertereignis:
»Es geschah nämlich, daß wir ›alten Kämpfer‹ aus dem zweiten und dritten Jahrzehnt unseres so ereignisreichen Jahrhunderts uns plötzlich überholt und überrollt sahen. ›Entmythologisierung‹ und ›Existenzialisierung‹ der theologischen Sprache waren ihre Stichworte ...« – Barth spielt auf das Thema der »Entmythologisierung der neutestamentlichen Verkündigung« an, das der Marburger Neutestamentler Rudolf Bultmann, ein Freund und theologischer Parteigänger Barths seit den zwanziger Jahren, in der viel beachteten, teils berühmten, teils berüchtigten Schrift »Neues Testament und Mythologie« zur Diskussion stellte. Die noch während des Zweiten Weltkriegs (1941) vorgetragene These, konnte erst in den fünfziger und in den sechziger Jahren auf breiterer und breitester Basis diskutiert werden. Was als ein innerkirchliches Gespräch gemeint war und auch als solches begann, artete alsbald zu einem Streit aus, der es zu offener Frontenbildung kommen ließ. Dabei ging es – sucht man nach einem Hauptnenner – um die elementare Frage nach der Glaubwürdigkeit christlicher Verkündigung. Und Bultmann stellte die Forderung auf: »Soll die Verkündigung des Neuen Testaments ihre Gültigkeit behalten, so gibt es keinen anderen Weg, als sie zu entmythologisieren«[64]. Gemeint war nicht »Eliminierung« (Beseitigung), sondern die (existentiale) Interpretation der mythischen Elemente in den Evangelien, ein Problem und eine Methode, die über die theologische Fachwelt hinaus weltweite Beachtung fanden.
Wer diese die Grenzen der gebotenen Sachlichkeit oft überschreitende Diskussion verfolgt hat, der weiß, daß in der da und dort um

64. Rudolf Bultmann in: Kerygma und Mythos. Ein theologisches Gespräch, hg. von Hans Werner Bartsch, Hamburg–Bergstedt 1960, Band I, 22.

Barth bei der Arbeit

sich greifenden Ratlosigkeit manche hoffnungsvoll auf ein lösendes Wort aus Basel gewartet haben. Was wird der Theologe, der in so mancher Krisensituation »zur Sache« gesprochen hat, zu diesem umstrittenen Thema zu sagen haben? Der Widerhall von der Seite Karl Barths fiel aufs Ganze gesehen enttäuschend aus. Er gesteht freimütig:

»Das Unternehmen ließ mich, was die Entmythologisierung betraf, darum kalt, weil diese mir von meinen theologischen Anfängen her – nicht dem Wort, aber der Sache nach – nur allzu bekannt war, ferner, weil ich sie viel zu humorlos fand, ferner, weil ich sie gerade für das ›Gespräch‹ mit dem modernen Menschen, auf das man ja damit im besonderen hinauswollte, nach meinen Erfahrungen mit diesem Geschöpf durchaus nicht für ein erfolgreiches Instrument halten konnte.«[65]

Und nicht nur das: Barth vermutet in Bultmanns These ein apologetisches, die Christusbotschaft vor der »Welt« (unnötigerweise) verteidigendes Unternehmen, das »auch in solcher subtrahierenden Gestalt nur eben tief verdächtig, jedenfalls fremd ist«. In einem gutachtlichen Schreiben an den württembergischen Landesbischof Theophil Wurm vom 24. Mai 1947 wird Bultmanns ganze Theologie gleichgesetzt mit einem »Rückfall in die theologische Methode ... deren Unhaltbarkeit ich mir besonders an Lessing, Kant, Schleiermacher und an dem Bultmann vielleicht besonders verwandten De Wette klar gemacht hatte«. Auch was der um Rat Angegangene vorzuschlagen hat, ist dem Brief an den Landesbischof zu entnehmen: »Das eigentlich kirchliche Tun gegenüber dem von Bultmann gegebenen Ärgernis kann ja doch nur darin bestehen, daß die Kirche selbst gerade in dem von Bultmann angegriffenen Punkt nicht nur theoretisch, sondern praktisch Kirche *ist*. Sicher ist dies, daß ein geistlicher und geistiger Irrtum, wie er in der Theologie Bultmanns nach meiner Einsicht bestimmt vorliegt, ... nur in der Freiheit des Geistes – des Heiligen und des menschlichen Geistes! – überwunden werden kann.«[66]

Doch damit ist die Sache der Entmythologisierung für Barth keinesfalls bereits erledigt. Er versucht den Marburger Kollegen zu verstehen, indem er im Wintersemester 1951/52 ein Seminar über »Kerygma und Mythus« einrichtet und den Extrakt dieser Lehrveranstaltung in einer kleinen Studie »Rudolf Bultmann – Ein Versuch ihn zu verstehen« (1952) zusammenfaßt. Bultmann seinerseits geht auf diese – von ihm her gesehen ganz unzulängliche – Bemühung mit der ihm eigenen Gründlichkeit ein, indem er die Erkenntnishilfe des existentialen Denkens in Erinnerung bringt[67]. Kein Wunder, daß gerade an diesem Punkt Karl Barth zurückschreckt, ohne jedoch die Waffen zu strecken als einer, »der zwar kein Feind der Philosophie als solcher, wohl aber jedem Absolutheitsan-

65. Karl Barth, Nachwort zu Schleiermacher-Auswahl. München–Hamburg 1968, 298.
66. Karl Barth – Rudolf Bultmann: Briefwechsel 1922–1966. Zürich 1971, 296.
67. Rudolf Bultmann a. a. O. 169–195.

Rudolf Bultmann

spruch jeder Philosophie, Erkenntnis- und Methodenlehre gegenüber hoffnungslos zurückhaltend geworden«[68] sei.

So bleibt Kopfschütteln auf beiden Seiten. Dabei ist es nicht das erste Mal, daß Barth – im Blick auf Bultmanns Predigtweise – schon 1935 meint, »daß wir an entscheidender Stelle noch nicht beieinander sind«, während Bultmann seinerseits Barths Predigten und Bibelstunden »schwer ertragen kann«. »Als koexistierende Wappenlöwen links und rechts des Eingangstors zu dem Paradies einer künftigen besseren Theologie eignen sich offenbar weder Rudolf Bultmann noch ich – Tillich und ich übrigens auch nicht – und auch nicht Bonhoeffer (der posthum nach der heutigen Mode frisierte Bonhoeffer nämlich) und ich«, meint der 78jährige Barth, und zwar nicht ohne den Hinweis auf die Notwendigkeit, sich für die eine *oder* die andere Position zu entscheiden[69].

Aber wie mag dann die Zukunft der Theologie in den Augen Karl Barths aussehen, wenn es so etwas wie eine geistige Koexistenz der Theologen (ganz zu schweigen von den Theologien!) nicht geben solle? – Der kompromißlose, gleichwohl altersweise Barth sinnt auf einen Ausweg in Gestalt einer Bultmann entgegenkommenden Hypothese: »Es möchte das, worauf Sie hinauswollen, als der Versuch einer ›Theologie des dritten Artikels‹ und also des Heiligen Geistes zu verstehen sein.«[70]

Damit schlägt der Mann der »christologischen Konzentration«, dem der zweite Artikel von so zentraler Bedeutung erschienen ist, ein neues Thema an, von dem der Greis sich sagen muß, daß er es bei weitem nicht mit jener Gründlichkeit werde durchdenken und bearbeiten können, wie das in seiner »Kirchlichen Dogmatik« von der Christologie her geschehen ist. Aber ein solches Unternehmen hält er für »grundsätzlich legitim und fruchtbar«. *Eine* Bedingung müßte freilich erfüllt sein: »Es müßte dann aber die Relation zwischen dem dritten und dem zweiten Artikel geklärt sein, d. h. es dürfte dieser nicht in jenen aufgelöst werden, sondern müßte ihm gegenüber in seiner eigenen Dignität sichtbar gemacht werden ...«

68. Karl Barth a. a. O. 197.
69. Karl Barth: Rudolf Bultmann. Ein Versuch ihn zu verstehen (Vorbemerkung zur 2. bzw. 3. Auflage) Zürich 1964, 6.
70. Karl Barth – Rudolf Bultmann: Briefwechsel, 201.

Daß seine Hypothese zu einer »Theologie des dritten Artikels« keine zufällige oder unverbindliche Briefnotiz darstellt, dürfen wir u. a. einer Bemerkung aus dem letzten Lebensjahr entnehmen. Dort erzählt Karl Barth in dem in mancher Hinsicht aufschlußreichen Nachwort zur Schleiermacher-Auswahl von seinem Traum von der »Zukunft der Theologie«. Noch ist die »Kirchliche Dogmatik« nicht vollendet, da sieht ihr Autor schon die neue, wenn nicht die noch größere Aufgabe vor sich:

»Alles, was von Gott dem Vater und Gott dem Sohn in Verständnis des ersten und zweiten Artikels zu glauben, zu bedenken und zu sagen ist, wäre in seiner Grundlegung durch Gott den Heiligen Geist ... aufzuzeigen und zu beleuchten. Das ganze Werk Gottes für die Kreatur, für und in und mit dem Menschen wäre in seiner einen, alle Zufälligkeit ausschließenden Theologie sichtbar zu machen.«[71] In der Tat, welch eine Aufgabe!

Barth, der in diesem Zusammenhang beispielsweise auf den damals jungen »hoffnungsvollen katholischen Dogmatiker Heribert Mühlen«[72] setzt, lenkt die Aufmerksamkeit seiner Leser auf eine »Theologie des Heiligen Geistes«. Und was noch bemerkenswerter ist: der Exponent einer angeblichen Neuorthodoxie rehabilitiert nicht nur die einstmals von ihm arg vergrämten Pietisten. Er möchte – ich bin überzeugt: mit gutem Recht! – auch die »von den Reformatoren so uneinsichtig und übel behandelten ›Schwärmer‹ ... die Spiritualisten und Mystiker des Mittelalters« in die Überlegungen einer theologischen Neuorientierung einbezogen wissen. Was von dem Schreiber des »Römerbriefs«, des ersten wie des zweiten, am allerwenigsten zu erwarten gewesen sein mochte, das findet sich hier. Karl Barth scheint seinen eigenen Schatten, seinen oft gerügten Schatten theologischer Unversöhnlichkeit und Einseitigkeit überspringen zu wollen, wenn er mutmaßt:

»Könnte es nicht sein, daß eigentlich die Wirklichkeit, das Kommen, was im Werk des Heiligen Geistes gemeint sein möchte in so vielem, was im westlichen und östlichen Katholizismus von der Kirche – und von Maria für uns in unannehmbarer Weise gesagt und

71. Karl Barth: Nachwort zu Schleiermacher-Auswahl, S. 311.
72. Vgl. Heribert Mühlen: Die Erneuerung des christlichen Glaubens. Charisma, Geist, Befreiung. München 1976.
Claus Heitmann – Heribert Mühlen (Hg.): Erfahrung und Theologie des Heiligen Geistes. Hamburg–München 1974.

geltend gemacht wird, daß also dies von da aus in ein positiv-kritisches Licht treten könnte ... Die ganze ›Kirchen- und Ketzerhistorie‹ könnte dann – in als ›unparteiische‹, sondern als gar sehr kritische, überall alles prüfende und das Beste behaltende ›Historie‹ der durch den Heiligen Geist versammelten ecclesia una, sancta, catholica et apostolica erfunden, verstanden und geschrieben werden ...«

Welch eine Konfession des donnernden Krisentheologen und »Nein«-Sagers. Haben die Barth-Gefolgsleute auch nur annähernd erfaßt, welcher Neuansatz sich hier ankündigt? Und die Barth-Kritiker, denen auch der »Kirchliche Dogmatiker« mit seiner Brandmarkung und Degradierung der Religion so große Angriffsflächen geboten hat –, haben sie auch *diesen* Barth schon in der gebührenden Weise zur Kenntnis genommen? Kein Zweifel, eine solche »Zukunft der Religion« wirft mancherlei Fragen auf.

Aber Barth wäre nicht Barth, klopfte er nicht gleichzeitig Übereifrigen auf die Finger, denn er fährt fort:

»Aber daß mir nun nicht alsbald irgendein begabter junger Mann – in der Meinung, er sei der dazu Berufene – mit einer flott geschriebenen Broschüre ›Zur Theologie des Heiligen Geistes‹ oder dergleichen über den Weg und auf den Markt laufe! ... Sollte ich nicht schieren Unsinn geträumt haben, dann werden zum Entwurf und zur Entfaltung einer Theologie des dritten Artikels nur geistlich und geistig sehr gegründete Leute, wirklich ›kundige Thebaner‹ brauchbar sein. Die das nicht oder noch nicht sind, sollten es, statt kühnlich eine Möglichkeit des Milleniums verwirklichen zu wollen, vorziehen, es noch ein Weilchen mit mir in der bewußten ›Verlegenheit‹ auszuhalten.«[73]

Letzte Lebenszeit

Zeugnisse wie diese zeigen einmal mehr, daß es Karl Barth vergönnt war, bis in die allerletzte Lebenszeit hinein – zwischen 1962 und 1965 durch Krankheit unterbrochen – an dem theologischen

73. Karl Barth: Nachwort zu Schleiermacher-Auswahl, 312.

Geschehen teilzunehmen und es vorausschauend mitzugestalten. Und die Tatsache, daß sein Hauptwerk nicht jener Vollendung in den ursprünglich geplanten fünf Teilen entgegengeführt werden konnte, spricht eher für die unabgeschlossene, nach vorne offene Gestalt seines Denkens, bleibt man nicht beim »Römerbrief«-Barth der frühen Jahre stehen, sondern macht man die Denkbewegung mit, die zur »humanen Theologie« und schließlich zu den Ausblicken nach einer pneumatischen Theologie hinführt. Ob diejenigen recht behalten, die behaupten, Barth habe sich selbst überlebt, bleibe dahingestellt.

Nicht erst als er seinen 70. Geburtstag am Himmelfahrtstag 1956 begehen kann, wird deutlich, welche Tiefen- und Breitenwirkung Karl Barth ausgeübt hat. Die »Kirchliche Dogmatik« ist zu diesem Zeitpunkt – gemäß der Anzahl seiner Enkelkinder – auf zehn Teilbände mit rund 8000 Seiten angewachsen. Immer noch steht er hinter dem Katheder und auf der Kanzel. Und damit der Hieronymus im Gehäuse seiner beiden Oberstuben in der Basler Bruderholzallee den festen Boden unter den Füßen behält, den ein Gemeindepfarrer braucht, um bei der »Sache« zu bleiben, predigt er mit einer gewissen Regelmäßigkeit in der Basler Haftanstalt. Sein Freund Ernst Wolf prophezeit scherzhaft: »Karl Barth endigt im Zuchthaus ...«

Literarischer Ausdruck der weltweiten Wirkung des Theologen ist der stattliche rund 1000 Seiten umfassende Sammelband »Antwort«, den ein Kreis von zahlreichen Schülern und Freunden unter der Redaktion von Ernst Wolf dem Jubilar zum 70. Geburtstag als Festschrift darbringen. Protestanten und Katholiken, Christen und Nichtchristen aus West und Ost haben Textbeiträge geliefert. In die sachlich-theologischen Aufsätze sind immer wieder auch biographische Zeugnisse, Erinnerungen und persönliche Würdigungen eingestreut. So schreibt der Japaner Katsumi Takizawa:

»Seit meiner glücklichen Begegnung mit Karl Barth zu Bonn vor zwanzig Jahren ist mir der Name Jesus Christus auf eine wunderliche Weise etwas geworden, von dem ich mich nicht mehr – weder im Leben noch in der Wissenschaft – losreißen kann ... Ich bin Karl Barth auch in dieser Hinsicht sehr dankbar. Es war mir fast wie ein Wunder, vor dem ich mich nur schämen konnte, daß er mir, einem Philosophiestudenten aus dem Fernen Osten, ein so sorgsames

Barth beim Vortrag

Gehör schenkte, wie ich's bis heute von niemandem sonst, außer meinem verstorbenen Lehrer, erfahren habe.«[74]
Auch an offiziellen Auszeichnungen fehlt es nicht. Der Theologieprofessor ohne das reguläre theologische Doktordiplom wird von den verschiedensten Universitäten mit dem Ehrendoktorhut dekoriert, z. B. mit dem der Universitäten von Budapest, Edinburgh, Straßburg, Paris, und als der 72jährige zu einer letzten mehrwöchi-

74. Katsumi Takizawa in: Antwort (Festschrift zum 70. Geburtstag von Karl Barth). Zürich 1956, 911.

gen Vorlesungsreise in die USA fliegt, folgt ihm der Doktor honoris causa von Chicago nach. Ein Jahr später wird ihm der begehrte dänische Sonning-Preis für besondere Verdienste um die europäische Kultur verliehen, eine Auszeichnung, die vor ihm Persönlichkeiten wie Winston Churchill, Albert Schweitzer, Igor Strawinsky oder Niels Bohr erhalten haben. Als freilich der Börsenverein des Deutschen Buchhandels daran denkt, seinen nicht minder honorigen Friedenspreis für das Jahr 1958 an Karl Barth zu vergeben und ihn damit der Elite jener Zeitgenossen zuzuzählen, deren Schaffen Idee und Wirklichkeit des Friedens gefördert hat, da zeigt es sich, daß selbst ein so liberaler Geist wie der damalige Bundespräsident Theodor Heuß durch die angedeutete Absicht seines Fernbleibens das autonome Preisrichterkollegium umzustimmen vermochte. Der ebenfalls in Basel lehrende Philosoph Karl Jaspers wurde der offizielle Preisträger des Jahres.
Einer der Gründe, Barth gegenüber immer wieder in die Reserve zu gehen, war dessen politische Einstellung: seine Kritik an der atomaren Aufrüstung in der Bundesrepublik Deutschland; vor allem seine Einschätzung des West-Ost-Verhältnisses, die in der Zeit des »kalten Krieges« namentlich von den herrschenden konservativen Kreisen abgelehnt wurde. Anstoß erregte in diesem Zusammenhang der als Broschüre veröffentlichte »Brief an einen Pfarrer in der Deutschen Demokratischen Republik«. Der um seelsorgerlichen Rat Gefragte gab zu verstehen, daß Gottlosigkeit im Sinne des Evangeliums nicht der bloße Widerstand gegen ein Regime oder gegen eine Ideologie sein könne, zumal wenn man um die sogenannte »Volkskirche« kämpfe. Nicht sie, ein Relikt vergangener, vergehender Formen sei krampfhaft zu verteidigen, sondern die Kirche Jesu Christi, die keinesfalls an historisch bedingte Formen gebunden ist. Mit anderen Worten, es gehe darum, »uns anderen das Leben einer den neuen Weg einer Kirche *für* das Volk (statt *des* Volkes) suchenden und vielleicht schon antretenden christlichen Gemeinde als ›Gottes (allen Ernstes besonders) geliebte Ostzone‹ exemplarisch vorzulegen«.[75] Schon Jahre zuvor hat es Barth in einer gleichnamigen Schrift die »Politische Entscheidung in der Einheit des Glaubens« (1952) genannt, was dem heutigen Christen aufgetragen sei. Belastungsproben auszuwei-

75. Karl Barth, zit. nach Eberhard Busch: Karl Barth, 450.

chen, nur um den politisch-kirchenpolitischen Status quo zu erhalten, ist Barths Sache niemals gewesen. Im Gegenteil:
»Die Krisis, in die die Einheit des Glaubens durch die in ihr stattfindende politische Entscheidung geraten muß, ist auf keinen Fall als ausweglos zu bezeichnen. Es können zwar die Bedingungen, unter denen sie zu durchschreiten, unter denen die Einheit des Glaubens, gerade indem sie gefährdet wird, neu und besser wieder zu gewinnen ist, für keine Seite leicht sein. Unerfüllbar können sie da, wo die Kirche lebendige Gemeinde ist, nicht sein. Die Krisis kann auch in der evangelischen Kirche des heutigen Deutschland durchschritten werden, und wenn das geschehen dürfte, so würde es für alle evangelischen Kirchen exemplarische Bedeutung haben ...«[76]

76. Karl Barth: Politische Entscheidung in der Einheit des Glaubens. München 1952, 18 (Theologische Existenz heute 34).

Ehrenpromotion in Straßburg

Als das 75. Lebensjahr erreicht ist und Barths Nachfolge im akademischen Lehramt endlich geklärt werden muß, da tut sich ein schwieriges Problem auf. Wer soll, wer kann unter Berücksichtigung vieler Gesichtspunkte sein Nachfolger sein? – Barth hat den Eindruck – und das spricht für die Stimmung, in der die Diskussion geführt wird – man wolle seinen Lehrstuhl an einen Theologen vergeben, an dem er selbst keine rechte Freude haben könne. Wie auch immer diese Mutmaßung zu bewerten ist, fest steht, daß derjenige, an dem er sicher »Freude« gehabt hätte, nämlich an seinem Freund und Schüler Helmut Gollwitzer in Berlin, aus ähnlichen politischen Gründen für die Schweizer Behörden unannehmbar war.
So schließt Barths Lehrtätigkeit in Basel zwar offiziell mit Beendigung des Sommersemesters 1961 ab. Weil sich aber nicht rechtzeitig der geeignete neue Lehrstuhlinhaber finden läßt, fungiert Barth im Wintersemester 1961/62 als sein eigener Nachfolger, und zwar mit einer Vorlesung über die »Einführung in die evangelische Theologie«: Da »wollte ich die Gelegenheit dieses Schwanengesangs ergreifen, mir selbst und den Zeitgenossen in Kürze darüber Rechenschaft abzulegen, was ich auf dem Feld der evangelischen Theologie fünf Jahre als Student, zwölf Jahre als Pfarrer und vierzig Jahre lang als Professor auf allerlei Wegen und Umwegen bis jetzt grundsätzlich erstrebt, gelernt und vertreten habe.«[77]
Wie also sieht das aus, was er »erstrebt, gelernt und vertreten« hat? – Die Antwort, die Karl Barth in dieser seiner letzten Vorlesung als Professor »Einführung in die evangelische Theologie« gegeben hat, erfolgt in vier mal vier Schritten: Er markiert zunächst den Ort der Theologie durch das Wort, die Zeugen, die Gemeinde und durch den Geist; die theologische Existenz, die er selbst in Krisensituationen kirchlicher Zeitgeschichte zu bewähren hatte, stellt sich ihm dar in Verwunderung, Betroffenheit, Verpflichtung und im Glauben; die dritte Vierheit sieht Barth in der Gefährdung, der christliche Theologie ausgesetzt ist, nämlich durch Einsamkeit, Zweifel, Anfechtung, doch es gibt Hoffnung; schließlich kennzeichnet er die Grundelemente theologischer Arbeit: es sind Gebet, Studium, Dienst und die Liebe.
So ist eine kleine »Summe« entstanden, die nicht mit der großen Summe konkurrieren will, die die »Kirchliche Dogmatik« in ihrem

77. Karl Barth, zit. nach Eberhard Busch: Karl Barth, 471.

Gesamtumfang darstellt, nämlich: »evangelische Theologie als bescheidene, freie, kritische, fröhliche Wissenschaft, (die) nur im Machtbereich des Geistes, nur als pneumatische Theologie möglich und wirklich werden kann: nur im Mut des Vertrauens, daß der Geist die Wahrheit ist, die Wahrheitsfrage zugleich aufwirft und beantwortet.«[78]

Diese geradezu johanneisch klingenden Sätze ließen sich wie ein Schlußstein im Gewölbe eines Systems ansehen. Da Barth nach seinem eigenen Urteil auch in seinem Hauptwerk kein in sich geschlossenes System, auch keine »systematische Theologie« im engeren Sinne des Wortes erarbeiten wollte, ist der Hinweis auf das Walten des Geistes der Wahrheit gerade der Durchbruch durch die Strukturen theologischer Systematik, der Durchbruch ins Offene. Damit soll nicht gesagt sein, daß Barths großer theologischer Antipode Paul Tillich mit seiner »Systematischen Theologie« anderes im Sinne gehabt und bewirkt habe. Denn da wie dort rührt einer, der mancherlei Wege und Umwege gegangen ist, an das Zukunftsgeheimnis des Christentums. Es fragt sich nur, ob und in welchem Umfang solche Stimmen gehört werden.

Doch es liegt im Wesen von Weisheitsworten, daß sie leise und mit verhaltener Stimme ausgesprochen werden. Karl Barths Stimme, die Stimme des Greises ist leiser geworden. Ein letztes Mal, im April und Mai 1968 konzentriert er sich auf Schleiermachers berühmte »Reden«, jenes Schleiermacher, mit dem er lebenslang gerungen und dem er doch das Prädikat eines Kirchenvaters des 19., ja selbst des 20. Jahrhunderts zuerkannte. Was bleibt, wer bleibt? – Als Barth für eine französische Zeitschrift die Frage zu beantworten hat, was für ihn Jesus Christus bedeute, da erwidert er: »Jesus Christus ist für mich genau das – nicht mehr und nicht weniger und nichts anderes als das – was er für die von ihm zusammengerufene und beauftragte Kirche ... immer und überall – und laut der ihr anvertrauten Botschaft für alle Menschen, für die ganze Welt war, ist und sein wird.«[79] – Ein vermächtnishaftes Wort an der Todesschwelle. In der Nacht zum 10. Dezember 1968 hat er sie überschritten.

»Mit dem Tod Karl Barths geht auf jeden Fall eine Periode der Theologiegeschichte zu Ende ... Die Theologie kann Karl Barth nur

78. Karl Barth: Evangelische Theologie, 48.
79. Karl Barth, zit. nach Eberhard Busch: Karl Barth, 512.

Paul Tillich

ehren, indem sie hart an der Sache bleibt«, sagte Eberhard Jüngel in seiner Ansprache bei der Trauerfeier am 14. Dezember im Basler Münster[80]. Und Max Geiger als Dekan der Theologischen Fakultät Basel:

80. Eberhard Jüngel in: Karl Barth 1886–1968. Gedenkfeier im Basler Münster. Zürich 1968, 50.

»Barth hat das gewagt, was vor ihm in Basel Overbeck und seither viele andere als nicht mehr möglich bezeichnet haben: nach zwei tausend Jahren christlicher Geschichte, nach Kant und Hegel, Feuerbach, Marx und Nietzsche, nach der Französischen Revolution, nach Auschwitz und Hiroshima, unmittelbar aus der Realität des Evangeliums zu leben. Er hat die Theologie und die Kirche an den einen Ort verwiesen, wo Jesus von Nazareth mit den Deklassierten der menschlichen Gesellschaft lebt, wo er leidet und stirbt und auferweckt wird von den Toten.«[81]

81. Max Geiger a. a. O. 30.

Selbstzeugnisse und Gedanken von Karl Barth

»Meine ganze Theologie ist im Grunde eine Theologie für die Pfarrer. Sie ist herausgewachsen aus meiner eigenen Situation, wo ich unterrichten, predigen und ein wenig Seelsorge üben mußte. Und dabei sah ich, daß es so nicht weitergehe, wie ich es auf der Universität gelernt hatte. Also galt es, einen neuen Anfang zu machen, und das habe ich dann versucht.«

(Aus einem Interview 1968)

»Heute sehnen wir uns nach Verheißung, gerade weil uns die Augen weit aufgegangen sind für die Problematik des Lebens. Wir möchten heraus aus dieser Gesellschaft; wir möchten eine andere Gesellschaft. Aber noch möchten wir bloß; noch spüren wir schmerzlich, daß trotz aller Veränderungen und Umwälzungen alles im Alten ist ... Es ist in uns, über uns, hinter uns, jenseits uns eine Besinnung auf den Sinn des Lebens, eine Erinnerung an den Ursprung des Menschen, eine Umkehr zum Herrn der Welt, ein kritisches Nein und ein schöpferisches Ja gegenüber allen Inhalten unseres Bewußtseins, eine Wendung vom alten zum neuen Äon. Ihr Zeichen und ihre Erfüllung – das Kreuz!«

(Der Christ in der Gesellschaft, 1919)

»Wir sollen als Theologen von Gott reden. Wir sind aber Menschen und können als solche nicht von Gott reden. Wir sollen beides, unser Sollen und unser Nicht-Können, wissen und damit Gott die Ehre geben. Das ist unsre Bedrängnis. Alles andre ist daneben Kinderspiel ... Wer von uns ist in der Lage ›Jesus Christus‹ zu sagen? Wir müssen uns vielleicht damit begnügen mit der Feststellung, daß Jesus Christus gesagt ist von seinen ersten Zeugen. Auf ihr Zeugnis hin zu glauben an die Verheißung und also Zeugen von ihrem Zeugnis zu sein, als Schrifttheologen, das wäre dann unsre Aufgabe.«

(Das Wort Gottes als Aufgabe der Theologie, 1922)

»Wenn die Heilige Schrift von Gott redet, dann erlaubt sie uns nicht, unsere Blicke und Gedanken willkürlich schweifen zu lassen, um in irgendeiner Höhe oder Tiefe die Feststellung eines mit vollkommenster Souveränität und vielen anderen Vollkommenheiten ausgestatteten Wesens zu vollziehen: eines Wesens, das dann als solches auch der Herr, der Gesetzgeber, der Richter und Heiland des Menschen wäre. Sondern wenn die Heilige Schrift von Gott redet, dann sammelt sie unsere Blicke und Gedanken auf einen einzigen Punkt und auf das, was an diesem Punkt zu erkennen ist. Hier ist aber schlicht der zu erkennen, der die Erzväter und den Mose, der die Propheten und nachher die Apostel in der ersten Person Singularis angeredet und der in diesem seinem Ich Souveränität und jegliche Vollkommenheit ist und hat und offenbart und als solcher erkannt, angebetet und respektiert werden will – der durch sein Wort sein Volk schafft und aussondert von den anderen Völkern und nachher seine Kirche aus Israel und allen Völkern – der sein Regiment ausübt in seinem Wollen und Handeln mit diesem Volk, das zuerst Israel und dann die Kirche heißt ... Dieser ist Gott laut seiner Selbstoffenbarung.«

(Kirchliche Dogmatik II 2, 56)

»Dieser ist Gott: ›Er heißt Jesus Christ, der Herr Zebaoth, und ist kein andrer Gott, das Feld muß er behalten.‹ – Das ist der christliche Glaube an Gottes Weltregierung im klarsten Ausdruck. Der christliche Gedanke von dieser Sache ist also kein leerer und kein so oder anders zu füllender Gedanke. Wir denken dabei nicht an eine bloße Form: die Idee einer allgemeinen übergreifenden Ordnung und Theologie alles Geschehens. Wir blicken dabei nicht in diese Tiefe oder jene Höhe, wir blicken dabei schlicht in das Alte und Neue Testament, auf den, den diese ›Schrift‹ Gott nennt, auf das in ihr bezeugte Geschehen in seinem Zusammenhang, auf den in ihr dokumentierten Durchbruch der Übermacht der freien Gnade, auf das in diesem Durchbruch handelnde Subjekt, auf sein unbegreifliches aber offenbares Erwählen, auf die von ihm bewiesene und bewährte Treue – und in der Mitte dieses Geschehens ganz allein auf Jesus Christus am Kreuz ...«

(Kirchliche Dogmatik III 3, 210f.)

»Wie ging er (Christus) denn über unsere Erde? Wie war und ist er denn in unserer Mitte? Als ein Mensch wie wir, in unserer ganzen Gebrechlichkeit und Begrenztheit! In Solidarität, mehr noch: an unserer Stelle unsere Schuld, Schande und Not tragend! Schließlich verraten, verworfen und verdammt, den Tod eines Verbrechers erleidend! Aber das verblaßt doch alles vor der Art, wie er Mensch war und als solcher gelebt, gehandelt und gelitten hat. Er hat in dem allem – und in seinem Leiden und Sterben nicht am wenigsten, sondern aufs höchste – das überlegene Leben eines anderen, von uns so ganz verschiedenen, eines neuen Menschen gelebt! Was für ein Herr unter einem Volk von Knechten: dieser eine, vollkommene Knecht, gerade indem er das ganz war ...«

(Kirchliche Dogmatik IV 2, 394)

»Die christliche Liebe wendet sich dem andern um dessen selbst willen zu. Sie begehrt es nicht für sich. Sie begehrt es überhaupt nicht. Sie liebt es, weil und indem es in seinem Wert oder auch in seinem Unwert als dieses andere da ist, gerade als dieses andere. Sie liebt es frei. Sie ist aber noch mehr als diese Zuwendung: in der christlichen Liebe gibt nämlich das liebende Subjekt dem anderen, dem Geliebten, das, was es hat, was sein ist, was ihm gehört, ohne Rücksicht auf das Recht und den Anspruch, den es selber darauf hat, ohne Rücksicht auf den anderweitigen Gebrauch, den es davon machen könnte und wohl auch möchte, wieder in Bewährung der Freiheit sich selbst gegenüber, in welcher sein Lieben seinen kritischen Anfang hat, in grundsätzlich unbeschränkter Freigebigkeit ...« *(Kirchliche Dogmatik IV 2, 832)*

»Der Heilige Geist ist die *erweckende* Macht, in der sich Jesus Christus seinen Leib, d. h. seine eigene irdisch-geschichtliche Existenzform, die eine, heilige, allgemeine, apostolische Kirche geschaffen hat und fort und fort erneuert. Sie ist die Christenheit, d. h. die Versammlung der Gemeinde derer, die durch ihn allen anderen zuvor jetzt schon zu einem Leben unter dem in seinem Tod vollzogenen und in seiner Auferweckung von den Toten offenbarten göttlichen Urteil willig und bereit gemacht sind. So ist sie die vorläufige Darstellung der ganzen in ihm gerechtfertigten Menschenwelt.«

(Kirchliche Dogmatik IV 1, 718)

»Der Heilige Geist ist die *belebende* Macht, in der Jesus, der Herr, die Christenheit in der Welt auferbaut als seinen Leib, d. h. als seine eigene irdisch-geschichtliche Existenzform, sie wachsen läßt, erhält und ordnet als die Gemeinschaft seiner Heiligen und so tauglich macht zur vorläufigen Darstellung der in ihm geschehenen Heiligung der ganzen Menschenwelt.«

(Kirchliche Dogmatik IV 2, 695)

»Der Heilige Geist ist die *erleuchtende* Macht des lebendigen Herrn Jesus Christus, in der er sich zu der von ihm berufenen Gemeinde als zu seinem Leib, d. h. als zu seiner eigenen irdisch-geschichtlichen Existenzform damit bekennt, daß er ihr den Dienst an seinem prophetischen Wort und damit die vorläufige Darstellung der in ihm ergangenen Berufung der ganzen Menschenwelt, ja aller Kreaturen anvertraut. Er tut das, indem er sie als sein Volk unter die Völker sendet: dazu eingesetzt, ihn ihrerseits vor allen Menschen zu bekennen, sie alle zu ihm zu rufen und so der ganzen Welt bekannt zu geben, daß der in ihm geschlossene Bund zwischen Gott und Mensch der erste und letzte Sinn ihrer Geschichte und daß dessen künftige Offenbarung ihre große, jetzt und hier schon wirksame und lebendige Hoffnung ist.«

(Kirchliche Dogmatik IV 3, 780)

»Die Welt hat es nötig, durch das Zeugnis der Gemeinde, durch ihre Aussage und Erklärung des Evangeliums einen Anstoß zu empfangen, in eine bestimmte Bewegung versetzt zu werden. Ihr fehlt es nicht an Aufrufen und Anstößen zu allerhand anderen Bewegungen. In solchen ist sie denn auch dauernd begriffen, in einer aber nicht – wie sollte sie von sich aus dazu kommen und wer sollte sie dazu aufrufen und anstoßen? – in der Bewegung zu ihrem Heil, in der Richtung auf ihre neue, von Gott ihrem Schöpfer ihr schon geschenkte Wirklichkeit.«

(Kirchliche Dogmatik IV 3, 976)

Zeittafel

1886	Am 10. Mai wird Karl Barth als Sohn des reformierten Theologen Fritz Barth und seiner Ehefrau Anna, geb. Sartorius in Basel geboren.
1892–1904	Schulbesuch in Bern.
1904–09	Studium der Theologie in Bern, Berlin, Marburg und Tübingen.
1909	Als Vikar an der deutschsprachigen Gemeinde in Genf.
1911–21	Pfarrer in dem Industriedorf Safenwil/Aargau.
1913	Ehe mit Nelly Hoffmann.
1915	Eintritt in die Sozialdemokratische Partei der Schweiz. U. a. Kontakte mit den Religiös-Sozialen (Hermann Kutter, Leonhard Ragaz, Christoph Blumhardt).
1916	Arbeit am »Römerbrief«.
1919	»Der Christ in der Gesellschaft«, Vortrag auf der Konferenz der Religiös-Sozialen in Tambach/Thüringen. »Der Römerbrief« erscheint in erster Auflage im Verlag Bäschlin, Bern.
1921–25	Honorarprofessor für reformierte Theologie in Göttingen
1922	»Der Römerbrief«, 2. Auflage erscheint im Christian Kaiser Verlag München.
1923–33	Mitherausgeber der Zweimonatsschrift »Zwischen den Zeiten«.
1925–29	Professor für Dogmatik und neutestamentliche Theologie in Münster.
1927	»Christliche Dogmatik im Entwurf«, Teil I. »Erklärung des Philipperbriefes«.
1930–35	Professor für systematische Theologie in Bonn.
1931	»Fides quaerens intellectum«, Anselm-Studien.
1932	»Kirchliche Dogmatik«, I, 1: Die Lehre vom Wort Gottes.
1933	30. Januar: Hitler wird Reichskanzler. 24. März: Ermächtigungsgesetz. 1. April: Boykott jüdischer Geschäfte. 3. April: Reichstagung der Deutschen Christen in Berlin.

	7. April: Arierparagraph. Die »Bekennende Kirche« tritt auf den Plan.
	26. April: Hitler ernennt den Wehrkreispfarrer Ludwig Müller zu seinem besonderen Vertrauensmann für Kirchenfragen.
	25. Juni: »Theologische Existenz heute«, Heft 1.
	20. Juli: Konkordat des Vatikans mit Hitler-Deutschland.
	27. September: Nationalsynode in Wittenberg. L. Müller wird Reichsbischof.
1934	Januar: Freie Synode der evangelisch-reformierten Gemeinden in Barmen.
	29.–31. Mai: Bekenntnissynode in Barmen; »Theologische Erklärung«.
1935	»Credo«, Vorlesungen an der Universität Utrecht über das Apostolische Glaubensbekenntnis.
	22. Juni: Aufhebung der Lehrbefugnis; Barth wird durch das preußische Kultusministerium in den Ruhestand versetzt.
	25. Juni: Berufung an die Universität Basel.
1938	»Kirchliche Dogmatik« I, 2 erscheint im Evangelischen Verlag Zollikon-Zürich.
	2. März: Freispruch Martin Niemöllers, anschließende KZ-Haft.
	19. September: Barths Brief an Josef Hromádka, Prag.
	9. November: »Reichskristallnacht«.
1940	»Kirchliche Dogmatik« II, 1: Die Lehre von Gott.
1942	»Kirchliche Dogmatik« II, 2: Die Lehre von Gott.
1943	5. April: Dietrich Bonhoeffer wird verhaftet.
1945	9. April: Dietrich Bonhoeffer wird im KZ Flossenbürg ermordet.
	27.–31. August: Teilnahme an der Kirchenkonferenz in Treysa.
1946	Sommersemester in Bonn.
1947	»Die protestantische Theologie des 19. Jahrhunderts« »Dogmatik im Grundriß«
1948	22. August–4. September: Teilnahme an der Weltkirchenkonferenz in Amsterdam: »Die Unordnung der Menschen und Gottes Heilsplan«.

1949	»Die kirchliche Lehre nach dem Heidelberger Katechismus«.
1961	Offizielle Emeritierung mit Beendigung des Sommersemesters; Fortsetzung der Lehrtätigkeit: »Einführung in die evangelische Theologie«.
1962	1. März: Letzte Vorlesung in Basel.
1967	»Kirchliche Dogmatik« IV, 4: Die Lehre von der Taufe; letzter Teil des Fragment gebliebenen Hauptwerks.
1968	April–Mai: Vorlesungen über Schleiermachers »Reden«.
	10. Dezember: In Basel gestorben.
	13. Dezember: Bestattungsfeier auf dem Friedhof Hörnli in Basel.
	14. Dezember: Gedenkfeier im Münster zu Basel.

Zur Bibliographie

Barths Bibliographie wurde von Charlotte von Kirschbaum erarbeitet; in der Festschrift 1936 umfaßt sie 202 Nummern, in der Zeitschrift »Evangelische Theologie« (Dezember 1948) Nr. 203–350, in der Festschrift »Antwort« 1956 die Nummern 1–406. Eberhard Busch besorgte die Fortsetzung in der Festschrift »Parrhesia« 1966 bis Nr. 528, die Nummern 529–553 stellen Nachträge dar. Barths Werke erschienen von 1920 bis 1937 in der Hauptsache im Christian Kaiser Verlag München. Seitdem wird das Gesamtwerk vom EVZ Verlag Zürich betreut, der auch die Gesamtausgabe herausgibt.

1. Hauptwerke

Der Römerbrief (1919; 1921)
Die Auferstehung der Toten (1924)
Erklärung des Philipperbriefes (1927)
Die christliche Dogmatik im Entwurf (1927)
Fides quaerens intellectum. Anselms Beweis der Existenz Gottes (1931)
Die Kirchliche Dogmatik (KD). Vier Hauptteile in 13 Bänden (1932–67)
Credo. Die Hauptprobleme der Dogmatik dargestellt im Anschluß an das Apostolische Glaubensbekenntnis (1935)
Gotteserkenntnis und Gottesdienst (1938)
Dogmatik im Grundriß (1947)
Die protestantische Theologie im 19. Jahrhundert (1947)
Die kirchliche Lehre nach dem Heidelberger Katechismus (1949)
Kurze Erklärung des Römerbriefes (1956)
Einführung in die evangelische Theologie (1962)

2. Taschenbuchausgaben

Mensch und Mitmensch. Göttingen 1954 (Kleine Vandenhoeck-Reihe 2)
Die protestantische Theologie im 19. Jahrhundert, 4. Aufl. (GTB Siebenstern 177/178)
Einführung in die evangelische Theologie, 2. Aufl. (GTB Siebenstern 191)

Kurze Erklärung des Römerbriefes, 4. Aufl. 1979 (GTB Siebenstern 194)
Kirchliche Dogmatik, ausgewählt und eingeleitet von H. Gollwitzer, 3. Aufl. (GTB Siebenstern 195)

3. Sekundärliteratur zu Leben und Werk

Hans Urs von Balthasar: Karl Barth. Darstellung und Deutung seiner Theologie. Köln 1951.
Christof Bäumler: Die Lehre von der Kirche in der Theologie von Karl Barth. München 1964 (Theol. Existenz heute 118).
Emil Brunner: Natur und Gnade. Ein Gespräch mit Karl Barth. Tübingen 1934/35.
Eberhard Busch: Humane Theologie. Texte und Erläuterungen zur Theologie des alten Karl Barth. Zürich 1967.
Eberhard Busch: Karl Barths Lebenslauf nach seinen Briefen und autobiographischen Texten. München 1975.
Georges Casalis: Karl Barth. Person und Werk. Frankfurt 1960.
Daniel Cornu: Karl Barth und die Politik. Widerspruch und Freiheit. Wuppertal 1969.
Hermann Diem: Karl Barths Kritik am deutschen Luthertum. München 1947.
Jürgen Fangmeier: Der Theologe Karl Barth. München 1953.
Jürgen Fangmeier: Erziehung und Zeugenschaft. Karl Barth und die Pädagogik. München 1964.
Eberhard Hübner: Evangelische Theologie in unserer Zeit. Darstellung und Dokumentation. Bremen 1966.
Eberhard Jüngel: Gottes Sein ist im Werden. Verantwortliches Reden vom Sein Gottes bei Karl Barth. Tübingen 1965.
Friedrich Wilhelm Kantzenbach: Programme der Theologie. München 1978.
Hans Küng: Rechtfertigung. Die Lehre Karl Barths und eine katholische Besinnung. Einsiedeln 1957.
Karl Kupisch: Begegnung mit Karl Barth. München 1958 (Theol. Existenz heute 62).
Karl Kupisch: Karl Barth in Selbstzeugnissen und Bilddokumenten. Reinbek 1971; Stuttgart 1977.
Milan Machovec: Marxismus und dialektische Theologie, Barth, Bonhoeffer und Hromádka. Zürich 1965.
Friedrich Wilhelm Marquardt: Die Entdeckung des Judentums für

die christliche Theologie. Israel im Denken Karl Barths. München 1967.

Ulrich Neuenschwander: Denker des Glaubens I. 2. Aufl. Gütersloh 1978 (GTB Siebenstern 81).

Friedrich Schmid: Verkündigung und Dogmatik in der Theologie Karl Barths. München 1964.

Max Schoch: Karl Barth. Theologie in Aktion. Frauenfeld 1967.

Martin Storch: Exegesen und Meditationen zu Karl Barths Kirchlicher Dogmatik. München 1964.

Theologie zwischen Gestern und Morgen. Interpretation und Anfragen zum Werk Karl Barths. Hg. von W. Dantine und K. Lüthi. München 1968.

Otto Weber: Karl Barths Kirchliche Dogmatik. Neukirchen 1967.

W. A. Willems: Karl Barth. Eine Einführung in sein Denken. Zürich 1964.

Heinz Zahrnt: Die Sache mit Gott. Die protestantische Theologie im 20. Jahrhundert. München 1966.

Personenregister